KSIĄŻKA KUCHENNA
LODOWE ZŁOTO DESERS

Odkryj bogaty świat mrożonych przysmaków dzięki
100 bogatym przepisom

Norbert Konieczny

Prawa autorskie ©2024

Wszelkie prawa zastrzeżone

Żadna część tej książki nie może być wykorzystywana ani rozpowszechniana w jakiejkolwiek formie i w jakikolwiek sposób bez odpowiedniej pisemnej zgody wydawcy i właściciela praw autorskich, z wyjątkiem krótkich cytatów użytych w recenzji. Niniejsza książka nie powinna być traktowana jako substytut porady lekarskiej, prawnej lub innej porady zawodowej.

SPIS TREŚCI

SPIS TREŚCI **3**
WSTĘP **6**
GATEAUX, BOMBY I TERRYNY **7**
   1. Mrożona Terrina Makaronikowa 8
   2. Brama z lodami czekoladowo-wiśniowymi 10
   3. Czekoladowa Bomba 13
   4. Suflet mrożony Grand Marnier i pomarańczy 15
   5. Mrożone musy z podwójną czekoladą 17
   6. Mrożone ciasto cytrynowe 19
   7. Ananas Pieczony Alaska 22
   8. Mrożona Rolada Truskawkowa Pavlova 24
   9. Mrożona drobnostka z malinami i brzoskwiniami 26
LODY **28**
   10. Lawendowe lody botaniczne 29
   11. Lody morelowe Earl Grey 32
   12. Lody Daktylowe 35
   13. Lody Golden Fig z Rumem 37
   14. Świeże lody imbirowe 39
   15. Świeże lody brzoskwiniowe 41
ŻELAT **43**
   16. Lody Di Crema 44
   17. Lody pistacjowe 46
   18. Lody z gorzką czekoladą 48
   19. Lody Malinowe 50
   20. Lody cytrynowe 52
   21. Lody Tutti-Frutti 54
   22. Lody kawowe 56
   23. Lody Kumkwat 58
   24. Lody migdałowe Amaretto 60
   25. Lody owsiane cynamonowe 62
   26. Lody z podwójną czekoladą 64
   27. Gelato Wiśniowo-Truskawkowe 66
   28. Limonkowe Gelato z Nasionami Chia 68
   29. Lody Toblerone 70
   30. Czekoladowe lody z nutellą 72
   31. Wiśniowe Gelato 74
   32. Lody jeżynowe 76
   33. Lody Malinowe 78
   34. Lody jagodowe 80
   35. Lody Mango 82

36. Lody z masłem orzechowym 84
37. Lody z orzechów laskowych 86
38. Mieszane lody jagodowe 88
39. Lody Kokosowe 90
40. lody dyniowe 92
41. Lody ananasowo-kokosowe 94
42. Lody lemoniadowe 96
43. Lody z awokado 98
44. Lody z ciemnej czekolady 100
45. Lody karmelowe 102
46. Lody z orzechów laskowych 104
47. Lody z Nutellą 106
48. Lody Truskawkowe 108
49. Lody z kawałkami czekolady 110
50. Lody Cannoli 113
51. Lody Wiśniowe 116
52. Pikantne lody czekoladowe 118

NIEDZIELE 120
53. Chwała Knickerbockera 121
54. Brzoskwiniowa Melba 123
55. Lody czekoladowo-orzechowe 125

SORBET 127
56. Mieszany sorbet jagodowy 128
57. Sorbet Truskawkowo-Rumiankowy 130
58. Sorbet truskawkowy, ananasowy i pomarańczowy 132
59. Sorbet bananowo-truskawkowy 134
60. Sorbet malinowy 136
61. Sorbet Truskawkowy Tristar 138
62. Sorbet z Jamajki 140
63. Sorbet z marakui 142
64. Sorbet z kiwi 144
65. Sorbet pigwowy 146
66. Sorbet z gujawy 148
67. Sorbet imbirowo-granatowy 150
68. Sorbet żurawinowo-jabłkowy 152
69. Sorbet arbuzowy 154
70. Sorbet z kaktusa z ananasem i limonką 156
71. Sorbet z awokado i marakuji 158
72. Sorbet z sosu 160
73. Na pyszny sorbet ananasowy 162
74. Sorbet z białej brzoskwini 164
75. Sorbet gruszkowy 166
76. Sorbet winogronowy Concord 168

77. Sorbet z diabelskiego mango 170
MROŻONY JOGURT 172
78. Świeży imbirowy mrożony jogurt 173
79. Świeży brzoskwiniowy mrożony jogurt 176
80. Ciasto Islandzkie Mrożony Jogurt 179
81. Mrożony Jogurt z Rozmarynem i Kandyzowanymi Owocami 182
82. Mrożona Czekoladowa Niespodzianka 184
83. Mrożony jogurt jeżynowy 186
84. Mrożony jogurt z karobem i miodem 188
85. Lody jogurtowe z imbirem i rabarbarem 190
86. Mrożony Jogurt Miodowy 192
AFFOGATO 194
87. Affogato z czekoladą i orzechami laskowymi 195
88. Amaretto Affogato 197
89. Tiramisu Affogato 199
90. Solony Karmel Affogato 201
91. Sorbet cytrynowy Affogato 203
92. Pistacje Affogato 205
93. Kokosowe Affogato 207
94. Migdałowe Affogato 209
95. Affogato z pomarańczą i ciemną czekoladą 211
96. Nutellę Affogato 213
97. Affogato z kawałkami miętowej czekolady 215
98. Sorbetto Malinowe Affogato 217
99. Karmelowe Macchiato Affogato 219
100. Biscotti Affogato z orzechami laskowymi 221
WNIOSEK 223

WSTĘP

Witamy w książce kucharskiej „KSIĄŻKA KUCHENNA LODOWE ZŁOTO DESERS", Twojej przepustce do odkrywania bogatego i luksusowego świata mrożonych smakołyków dzięki 100 wykwintnym przepisom, które olśnią Twoje kubki smakowe i zachwycą zmysły. Ice Gold reprezentuje uosobienie mrożonej rozkoszy, gdzie każdy kęs to symfonia smaków, tekstur i wrażeń, które przenoszą Cię do krainy czystej kulinarnej błogości. W tej książce kucharskiej zapraszamy Cię w podróż po krajobrazie mrożonych deserów, gdzie kreatywność nie zna granic, a króluje dekadencja. W tej książce kucharskiej odkryjesz skarbnicę przepisów na mrożone desery, które ukazują nieograniczone możliwości LODOWE ZŁOTO. Od klasycznych ulubionych dań, takich jak kremowe lody i orzeźwiający sorbet, po innowacyjne kreacje, takie jak ekstrawaganckie ciasta lodowe i eleganckie semifreddo – każdy przepis jest świadectwem kunsztu i pomysłowości producentów mrożonych deserów na całym świecie. Niezależnie od tego, czy jesteś doświadczonym koneserem, czy początkującym odkrywcą, w tej kolekcji każdy znajdzie coś dla siebie. Tym, co wyróżnia „Książkę kucharską o złocistych deserach", jest nacisk na ekstrawagancję i luksus. Każdy przepis został opracowany tak, aby wywoływać poczucie bogactwa i rozkoszy, przy użyciu najwyższej jakości składników, skomplikowanych technik i wyśmienitej prezentacji, aby stworzyć mrożone arcydzieła, które są równie piękne, jak pyszne. Niezależnie od tego, czy organizujesz wystawną kolację, świętujesz specjalną okazję, czy po prostu pozwalasz sobie na chwilę kulinarnej rozkoszy, te przepisy z pewnością pozostawią niezatarte wrażenie. W tej książce kucharskiej znajdziesz praktyczne wskazówki, jak opanować sztukę przygotowywania mrożonych deserów, a także wspaniałe zdjęcia, które zainspirują Twoje kulinarne kreacje. Niezależnie od tego, czy przygotowujesz szybki sorbet na gorący letni dzień, czy też pracujesz nad wyszukanym ciastem lodowym na uroczyste spotkanie, „Książka kucharska z lodowymi złotymi deserami" oferuje bogactwo przepisów, technik i inspiracji, które pomogą Ci stworzyć mrożone przysmaki które naprawdę zasługują na podziw.

GATEAUX, BOMBY I TERRYNY

1. Mrożona Terrina Makaronikowa

SKŁADNIKI:

- 2 białka jaj
- 1/2 szklanki cukru pudru, przesianego
- 2 szklanki gęstej śmietany, delikatnie ubitej
- 1 szklanka pokruszonych makaroników
- 3 łyżki Likier Amaretto
- 1 szklanka pokruszonych pralin migdałowych
- czekoladowe loki lub kształty, do dekoracji
- Białka ubić na sztywną pianę, następnie dodać cukier, aż masa będzie gęsta i błyszcząca.

INSTRUKCJE:

a) W drugiej misce ubić śmietanę na sztywną pianę, następnie dodać pokruszone makaroniki i amaretto. Wmieszać do białek.

b) Wlać łyżką do formy do terrine o wymiarach 3 × 11 cali lub formy do pieczenia bochenka i zamrażać przez noc, aż będzie całkowicie twarda.

c) Gdy będzie gotowy do podania, wyłóż go na złożony arkusz folii. Połóż pralinę na innym arkuszu. Ostrożnie posmaruj terrinę pokruszoną praliną, delikatnie dociskając szpachelką, aby pokryć całość oprócz spodu. Terrinę przełóż na półmisek i udekoruj kawałkami czekolady.

2. Brama z lodami czekoladowo-wiśniowymi

SKŁADNIKI:
- 1 szklanka (2 paluszki) niesolonego masła
- 1 szklanka drobnego cukru
- 1 łyżeczka. czysty ekstrakt z wanilli
- 4 jajka, ubite
- 2 szklanki mniej niż 1 czubata łyżka. mąka uniwersalna
- 1 czubata łyżka. niesłodzonego proszku kakaowego
- 1 1/2 łyżeczki proszek do pieczenia
- 4 szklanki pestek i posiekanych wiśni
- 1/2 szklanki soku żurawinowego
- 3 łyżki Jasnobrązowy cukier
- 1/2 przepisu luksusowe lody waniliowe
- 1 szklanka gęstej śmietany, delikatnie ubitej
- kilka wiśni do posypania
- czekoladowe loki

INSTRUKCJE:

a) Rozgrzej piekarnik do 180°C (350°F). Lekko natłuść 7-calową tortownicę lub głęboką formę do ciasta z luźnym dnem. Ubij masło, cukier i wanilię razem, aż masa będzie jasna i kremowa. Delikatnie wbij połowę jajek, następnie stopniowo dodawaj suche składniki, na zmianę z resztą jaj, aż dobrze się połączą. Przełóż łyżką do przygotowanej formy do ciasta, spłaszcz wierzch i piecz przez 35 do 40 minut, aż ciasto będzie twarde w dotyku. Ostudzić na patelni, następnie wyjąć, zawinąć w folię i wstawić do lodówki, aż naprawdę wystygnie, aby ułatwić krojenie.

b) Wiśnie włóż do małego rondla z sokiem żurawinowym i brązowym cukrem. Gotuj na umiarkowanym ogniu do miękkości. Odstawić do ostygnięcia, następnie wstawić do lodówki, aż naprawdę wystygnie. Przygotuj lody waniliowe, aż uzyskają konsystencję, którą można nakładać łyżką.

c) Długim nożem przekrój ciasto na trzy równe warstwy. Umieść jedną warstwę w 7-calowej formie do ciasta, a na wierzch połóż połowę wiśni i jedną trzecią ich soku. Przykryć warstwą lodów, a następnie drugą warstwą ciasta. Dodaj resztę wiśni, ale nie cały sok (resztą soku użyj do zwilżenia spodniej strony trzeciej warstwy ciasta). Przykryj resztą lodów i ostatnią warstwą ciasta. Dobrze dociśnij, przykryj folią spożywczą i zamroź na noc. (W razie potrzeby ciasto można przechowywać w zamrażarce do 1 miesiąca.)

3.Czekoladowa Bomba

SKŁADNIKI:
- 1/2 przepisu Lody z gorzką czekoladą
- 1/2 szklanki śmietanki do ubijania
- 1 małe białko jajka
- 1/8 szklanki drobnego cukru
- 4 uncje świeże maliny, rozgniecione i przecedzone
- 1 przepis na sos malinowy

INSTRUKCJE:

a) W zamrażarce schłodź formę bombową lub metalową miskę o pojemności od 3 1/2 do 4 filiżanek. Przygotuj lody. Gdy konsystencja będzie łatwa do smarowania, włóż formę do miski z lodem. Wyłóż wnętrze formy lodami, upewniając się, że tworzy grubą, równą warstwę. Wygładź górę. Formę od razu włóż do zamrażarki i zamroź, aż masa będzie naprawdę twarda.

b) W międzyczasie ubić śmietanę na sztywną masę. W osobnej misce ubić białka na sztywną pianę, następnie delikatnie dodać cukier, aż masa będzie lśniąca i sztywna. Wymieszać bitą śmietanę, białko i przecedzone maliny, ostudzić. Gdy lód czekoladowy będzie naprawdę twardy, nałóż masę malinową na środek bomby. Wygładź wierzch, przykryj woskowanym papierem lub folią i włóż do zamrażarki na co najmniej 2 godziny.

c) Około 20 minut przed podaniem wyjmij bombę z zamrażarki, wbij cienki szpikulec w środek, aby uwolnić powietrze, i przeciągnij nożem po wewnętrznej górnej krawędzi. Przełóż na schłodzony talerz i krótko przetrzyj patelnię gorącą ściereczką. Ściśnij lub potrząśnij patelnią raz lub dwa razy, aby zobaczyć, czy bomba się wyślizgnie; jeśli nie, przetrzyj ponownie gorącą szmatką.

d) Kiedy się wyślizgnie, może zaistnieć potrzeba wygładzenia górnej powierzchni małym nożem do palet, a następnie natychmiast włożyć ponownie do zamrażarki na co najmniej 20 minut, aby ponownie stwardniało.

e) Podawać pokrojone w plasterki, polane sosem malinowym. Ta bomba będzie przechowywana przez 3 do 4 tygodni na patelni w zamrażarce.

4.Suflet mrożony Grand Marnier i pomarańczy

SKŁADNIKI:
- 4 duże pomarańcze
- 1 (1/4 uncji) koperta bezsmakowej żelatyny
- 6 dużych jaj, oddzielonych
- 1 szklanka plus 2 łyżki. bardzo drobny cukier
- 4 do 6 łyżek. Wielki Marnier
- 2 łyżki stołowe. sok cytrynowy
- 1 3/4 szklanki ubitej śmietanki
- 2 łyżki stołowe. woda
- kilka łodyg czerwonych porzeczek

INSTRUKCJE:

a) Przygotuj głębokie naczynie do sufletu o szerokości 7 cali, owijając je kołnierzem z podwójnie woskowanego papieru, który wystaje około 2 cale nad brzegiem. Zabezpiecz woskowany papier taśmą. Drobno zetrzyj skórkę z 2 pomarańczy i odłóż na bok. Wyciśnij tyle soku z 2 lub 3 pomarańczy, aby otrzymać 1 szklankę soku. Podgrzej sok pomarańczowy, a następnie dodaj żelatynę. Odstaw go do rozpuszczenia lub umieść w małej misce nad gorącą wodą, aż do całkowitego rozpuszczenia.

b) Ubij żółtka i 1 szklankę cukru, aż masa będzie gęsta i kremowa. Wymieszaj sok pomarańczowy, skórkę pomarańczową, Grand Marnier i sok z cytryny. Odstawić do ostygnięcia, ale nie chłodzić. Białka ubić na sztywną pianę. Delikatnie wymieszaj je z schłodzoną mieszanką pomarańczy i żółtka, a następnie bitą śmietaną, aż dobrze się połączą. Przełóż łyżką do przygotowanego naczynia do sufletu i wstaw do zamrażalnika na kilka godzin lub na noc.

c) Pozostałą pomarańczę pokrój w cienkie plasterki, przekrój na pół i umieść na płytkiej patelni lub patelni z pozostałymi 2 łyżkami cukru i 2 łyżkami wody. Gotuj delikatnie do miękkości, następnie smaż na dużym ogniu, aż cząstki pomarańczy zaczną się karmelizować. Dokładnie ostudź na kartce woskowanego papieru.

d) Przed podaniem ostrożnie zdejmij papierowy kołnierzyk z sufletu i połóż naczynie na talerzu. Na wierzchu sufletu ułóż karmelizowane cząstki pomarańczy i dodaj kilka łodyg świeżych czerwonych porzeczek.

5.Mrożone musy z podwójną czekoladą

SKŁADNIKI:

- 3 do 4 łyżek. bardzo gorące mleko
- 1 (1/4 uncji) koperta bezsmakowej żelatyny
- 1 1/2 szklanki kawałków białej czekolady
- 4 łyżki (1/2 kostki) niesolonego masła
- 2 duże białka jaj
- 1/2 szklanki drobnego cukru
- 1/2 szklanki drobno posiekanej ciemnej czekolady (chcesz zachować teksturę)
- 1/2 szklanki gęstej śmietany, lekko ubitej
- 1/2 szklanki jogurtu typu greckiego
- 18 ziaren kawy lub rodzynek w czekoladzie
- 1 łyżeczka. niesłodzone kakao w proszku, przesiane

INSTRUKCJE:

a) Do gorącego mleka wsypać żelatynę i wymieszać do rozpuszczenia. Jeśli to konieczne, włóż do kuchenki mikrofalowej na 30 sekund, aby ułatwić rozpuszczenie. Delikatnie rozpuść białą czekoladę i masło, aż uzyskasz gładką masę. Dodaj rozpuszczoną żelatynę i odstaw do ostygnięcia, ale nie dopuść do ponownego stwardnienia. Białka ubić na sztywno, następnie stopniowo dodawać cukier i dodawać gorzką czekoladę.

b) Ostrożnie wymieszaj schłodzoną białą czekoladę, bitą śmietanę, jogurt i białka jaj. Rozłóż mieszaninę do 6 oddzielnych foremek lub jednej dużej formy, wyłożonej folią plastikową, aby ułatwić wyjęcie z formy. Starannie wyrównaj wierzchołki. Przykryj i zamroź na 1 do 2 godzin lub na noc.

c) Przed podaniem poluzuj górne krawędzie małym nożem. Odwróć każdą formę na talerz i wytrzyj gorącą ściereczką lub delikatnie wyjmij mus folią. Włóż musy do zamrażarki, aż będą gotowe do spożycia. Podawać z ziarnami kawy lub rodzynkami w czekoladzie i lekkim przesianiem sproszkowanej czekolady.

6.Mrożone ciasto cytrynowe

SKŁADNIKI:
- 1/2 szklanki (1 sztyft) niesolonego masła
- 1/2 szklanki drobnego cukru
- 2 duże jajka
- 1 łyżeczka. czysty ekstrakt z wanilli
- 1 Mąkę o wszechstronnym przeznaczeniu
- 1 1/2 łyżeczki proszek do pieczenia
- 2 do 4 łyżek. mleko
- 1 1/2 szklanki dobrej jakości lemon curd
- 2 duże cytryny
- 1 (1/4 uncji) koperta bezsmakowej żelatyny
- 2 szklanki serka śmietankowego
- 1 szklanka drobnego cukru
- 1 szklanka jogurtu naturalnego
- 2 duże białka jaj

INSTRUKCJE:
a) Rozgrzej piekarnik do 190°C (375°F). Masło i cukier utrzeć na jasną i kremową masę, następnie dodać jajka i wanilię. Stopniowo dodawaj suche składniki, dodając trochę mleka, jeśli mieszanina nie jest miękka i ma opadającą konsystencję.
b) Po dokładnym wymieszaniu nałóż łyżką na nieprzywierającą formę do ciasta o średnicy 8 cali i luźnym dnie. Wygładź wierzch i piecz przez 20 do 25 minut, aż ciasto równomiernie wyrośnie i będzie twarde w dotyku. Studzimy na patelni.
c) W międzyczasie usuń kilka dużych, drobnych kawałków skórki z cytryny do dekoracji i trzymaj pod przykryciem. Pozostałą skórkę zetrzeć do miski miksującej. Wyciśnij sok do miarki i dodaj wodę, aby uzyskać 3/4 szklanki płynu. Podgrzej płyn, posyp żelatyną i mieszaj, aż się rozpuści. Ostudzić.
d) Do miski ze skórką z cytryny włóż serek wiejski, dodaj połowę cukru i ubijaj na puszystą masę. Następnie wymieszaj z ostudzoną żelatyną i jogurtem.
e) W osobnej misce ubić białka na sztywną pianę, następnie dodać cukier. Złóż tę mieszaninę do mieszanki twarogu, aż będzie gładka.
f) Na ciasto na patelni rozsmaruj grubą warstwę lemon curd, a następnie połóż łyżką mieszankę twarogu. Wygładź wierzch i włóż do zamrażarki na 2 godziny lub do momentu podania.

7.Ananas Pieczony Alaska

SKŁADNIKI:

- 1 6 do 8 uncji kawałek kupionego w sklepie ciasta imbirowego
- 6 plasterków dojrzałego, obranego ananasa
- 3 szklanki lodów tutti-frutti, zmiękczające
- 3 duże białka jaj
- 3/4 szklanki drobnego cukru
- kilka kawałków świeżego ananasa do dekoracji

INSTRUKCJE:

a) Pokrój ciasto na 2 grube kawałki i ułóż je w kwadracie lub okręgu na blasze do pieczenia wielokrotnego użytku, aby móc je później łatwo przenieść na naczynie do serwowania.

b) Pokrój 6 plasterków ananasa w trójkąty lub ćwiartki na cieście, aby złapać krople. Na wierzchu ciasta ułóż kawałki ananasa, a następnie połóż lody. Natychmiast włóż patelnię do zamrażarki, aby ponownie zamrozić lody, jeśli za bardzo zmiękły.

c) W międzyczasie białka ubić na sztywną pianę, następnie stopniowo dodawać cukier, aż masa stanie się sztywna i błyszcząca. Równomiernie rozsmaruj masę bezową na całej powierzchni lodów i włóż ponownie do zamrażarki. W razie potrzeby można to zamrozić na kilka dni.

d) Gdy wszystko będzie gotowe do podania, rozgrzej piekarnik do 230°C (450°F). Włóż formę do pieczenia do gorącego piekarnika tylko na 5 do 7 minut lub do momentu, aż cała będzie złocista. Przełożyć na półmisek i natychmiast podawać udekorowane kilkoma kawałkami świeżego ananasa.

8.Mrożona Rolada Truskawkowa Pavlova

SKŁADNIKI:

- 2 łyżeczki skrobia kukurydziana
- 1 szklanka drobnego cukru
- 4 białka jaj w temperaturze pokojowej
- cukier cukierniczy, przesiany
- 1 1/2 szklanki sorbetu truskawkowego
- 1/2 szklanki gęstej śmietanki
- cukier cukierniczy, świeże truskawki i liście mięty do dekoracji

INSTRUKCJE:

a) Linia o wymiarach 12 × 9 cali. forma do bułek z galaretką z nieprzywierającą wkładką do pieczenia lub woskowanym papierem, przycięta tak, aby pasowała. Przesiać skrobię kukurydzianą i równomiernie wymieszać z drobnym cukrem.

b) Białka ubić na sztywną pianę, ale nie suchą i kruchą. Następnie stopniowo dodawaj mieszaninę cukru i skrobi kukurydzianej, aż masa będzie sztywna i błyszcząca. Przełóż łyżką do przygotowanej formy i wyrównaj wierzch.

c) Włóż do zimnego piekarnika i ustaw go na 150°C (300°F). Gotuj przez 1 godzinę, aż wierzch będzie chrupiący, ale beza nadal będzie sprężysta (jeśli na początku gotowania wydaje się, że zaczyna nabierać koloru, zmniejsz temperaturę, aby nie brązowieła).

d) Natychmiast wyłożyć na podwójny arkusz woskowanego papieru posypany przesianym cukrem cukierniczym i pozostawić do ostygnięcia.

e) W międzyczasie zmiękczyć sorbet i ubić śmietanę. Gdy beza ostygnie, ostrożnie i szybko smarujemy ją sorbetem, a następnie bitą śmietaną. Zwiń, wykorzystując papier jako podpórkę i zawiń lekko w folię.

f) Wróć do zamrażarki. Zamrozić na około 1 godzinę (lub do kilku dni) przed podaniem, posypać większą ilością cukru pudru i posypać świeżymi truskawkami i miętą.

9.Mrożona drobnostka z malinami i brzoskwiniami

SKŁADNIKI:
- 4 kawałki ciasta biszkoptowego, posiekane
- 4 do 8 łyżek. sherry lub marsalę
- 7 do 8 łyżek. galaretka malinowa
- 1 szklanka świeżych lub mrożonych malin
- 2 twarde, dojrzałe brzoskwinie, obrane i pokrojone w plasterki
- 4 gałki lodów waniliowych, zmiękczających
- 1 szklanka bitej śmietanki
- świeże maliny i plasterki brzoskwiń do dekoracji

INSTRUKCJE:
a) Pokrusz ciasto na spód 4 szklanych półmisków lub szklanek. Ciasto równomiernie posypać sherry lub marsalą.
b) Połączyć galaretkę z malinami i wyłożyć na ciasto. Na wierzch połóż pokrojone brzoskwinie.
c) Rozłóż zmiękczające lody na brzoskwiniach. Przed podaniem posmaruj bitą śmietaną i zamroź na maksymalnie 1 godzinę.
d) Gdy wszystko będzie gotowe do podania, udekoruj kilkoma kawałkami świeżych owoców.

LODY

10. Lawendowe lody botaniczne

SKŁADNIKI:
- 2 szklanki gęstej śmietanki
- 1 szklanka pełnego mleka
- 3/4 szklanki granulowanego cukru
- 2 łyżki suszonych pąków lawendy (do użytku kulinarnego)
- 5 dużych żółtek
- 1 łyżeczka ekstraktu waniliowego

INSTRUKCJE:
ZAPARZAJ ŚMIETANKĘ I MLEKO:
a) W rondlu połącz ciężką śmietankę, pełne mleko i suszone pąki lawendy.
b) Podgrzewaj mieszaninę na średnim ogniu, aż zacznie się gotować. Nie gotować.
c) Gdy zacznie się gotować, zdejmij rondelek z ognia i pozostaw lawendę w mieszance na około 20-30 minut.
d) Po namoczeniu przecedź mieszaninę przez sito o drobnych oczkach lub gazę, aby usunąć pąki lawendy. Naciśnij lawendę, aby wydobyć jak najwięcej aromatu.

PRZYGOTOWANIE BAZY LODOWEJ:
e) W osobnej misce wymieszaj żółtka z cukrem, aż składniki dobrze się połączą i lekko zgęstnieją.
f) Powoli wlewaj śmietankę z dodatkiem lawendy do masy jajecznej, cały czas mieszając, aby zapobiec zwarciu się jajek.
g) Połączoną mieszaninę włóż z powrotem do rondla.
h) Gotuj budyń na średnim ogniu, ciągle mieszając, aż zgęstnieje na tyle, że pokryje grzbiet łyżki. Zwykle zajmuje to około 5-7 minut. Nie dopuść do wrzenia.
i) Przecedź krem przez sito o drobnych oczkach do czystej miski, aby usunąć wszelkie kawałki ugotowanego jajka lub resztki lawendy.
j) Pozwól kremowi ostygnąć do temperatury pokojowej. Możesz przyspieszyć proces, umieszczając miskę w łaźni lodowej.
k) Gdy krem ostygnie, dodaj ekstrakt waniliowy.
l) Przykryj miskę folią i wstaw do lodówki na co najmniej 4 godziny lub na noc, aby smaki się przegryzły.

Ubijaj lody:
m) Schłodzoną masę wlać do maszyny do lodów i ubić zgodnie z instrukcją producenta.
n) Przenieś ubite lody do zamykanego pojemnika i zamrażaj na kilka godzin lub do momentu, aż lody staną się twarde.
o) Nałóż lody botaniczne do miseczek lub rożków i delektuj się wyjątkowymi smakami!

11. Lody morelowe Earl Grey

SKŁADNIKI:

- 1 szklanka suszonych moreli
- ⅓ szklanki plus 2 łyżki cukru pudru
- ⅔ szklanki wody
- 1 ½ szklanki mleka
- 2 łyżki liści herbaty Earl Grey
- 1 ½ szklanki gęstej śmietanki
- Szczypta soli
- 4 żółtka
- 1 łyżka brandy morelowej lub likieru pomarańczowego

INSTRUKCJE:

a) W małym, ciężkim rondlu wymieszaj morele, 2 łyżki cukru i wodę. Doprowadzić do wrzenia na umiarkowanym ogniu. Zmniejsz ogień do umiarkowanie niskiego i gotuj na wolnym ogniu bez przykrycia, aż morele będą miękkie, 10 do 12 minut.

b) Przenieś morele i pozostały płyn do robota kuchennego i zmiksuj na gładkie puree, raz lub dwa razy zeskrobując boki miski. Odłożyć na bok.

c) W ciężkim, średnim rondlu połącz mleko i liście herbaty. Podgrzewaj na małym ogniu, aż mleko będzie gorące. Zdjąć z ognia i pozostawić do zaparzenia na 5 minut. Przecedź mleko przez sitko o drobnych oczkach.

d) Wlej mleko do rondla i dodaj gęstą śmietankę, pozostałą ⅓ szklanki cukru i sól. Gotuj na umiarkowanym ogniu, często mieszając drewnianą łyżką, aż cukier całkowicie się rozpuści, a mieszanina będzie gorąca, od 5 do 6 minut. Zdjąć z ognia.

e) W średniej misce ubijaj żółtka, aż się połączą. Stopniowo dodawaj jedną trzecią gorącej śmietany cienkim strumieniem, a następnie wymieszaj mieszaninę z powrotem do pozostałej śmietany w rondlu.

f) Gotuj na umiarkowanie małym ogniu, ciągle mieszając, aż krem lekko pokryje tył łyżki, od 5 do 7 minut; nie dopuścić do wrzenia.

g) Natychmiast zdejmij z ognia i przelej krem do średniej miski. Miskę włóż do większej miski z lodem i wodą. Pozostaw krem do

ostygnięcia do temperatury pokojowej, od czasu do czasu mieszając.
h) Wymieszaj zarezerwowane puree z moreli i brandy, aż się połączą. Przykryj i przechowuj w lodówce do momentu wystygnięcia, co najmniej 6 godzin lub na noc.
i) Krem przelać do maszyny do lodów i zamrozić zgodnie ze wskazówkami producenta.

12.Lody Daktylowe

SKŁADNIKI:
- ⅓ szklanki posiekanych daktyli bez pestek
- 4 łyżki rumu
- 2 jajka, oddzielone
- ½ szklanki granulowanego cukru
- ⅔ szklanki mleka
- 1 ½ szklanki twarogu
- Drobno starta skórka i sok z 1 cytryny
- ⅔ szklanki ubitej śmietanki
- 2 łyżki drobno posiekanego imbiru

INSTRUKCJE:
a) Daktyle namoczyć w rumie na około 4 godziny. Do miski włóż żółtka i cukier i ubijaj na puszystą masę. W rondlu podgrzej mleko do wrzenia, a następnie dodaj żółtka. Przełóż mieszaninę z powrotem na opłukaną patelnię i gotuj na małym ogniu, ciągle mieszając, aż zgęstnieje. Ostudzić, mieszając od czasu do czasu.

b) Twarożek, skórkę z cytryny, sok i rum odcedzony z daktyli zmiksuj razem w blenderze lub robocie kuchennym na gładką masę, a następnie wymieszaj z kremem. Wlać mieszaninę do pojemnika, przykryć i zamrozić, aż masa stanie się twarda. Przełożyć do miski, dobrze ubić, następnie dodać bitą śmietanę, daktyle i imbir. Białka ubijamy w misce na sztywną, ale nie suchą masę i łączymy z masą owocową. Wlać mieszaninę z powrotem do pojemnika. Przykryj i zamroź, aż będzie twarde.

c) Około 30 minut przed podaniem lody wkładamy do lodówki.

13.Lody Golden Fig z Rumem

SKŁADNIKI:

- 150 g gotowych do spożycia suszonych fig
- 250g kartonowego serka mascarpone
- Karton 200g jogurtu greckiego
- 2 łyżki jasnego cukru muscovado
- 2 łyżki ciemnego rumu

INSTRUKCJE:

a) Włóż figi do robota kuchennego lub blendera. Dodać serek mascarpone, jogurt, cukier i rum. Mieszaj, aż masa będzie gładka, w razie potrzeby zdrapując boki.
b) Przykryj i wstaw do lodówki na około 30 minut, aż zastygnie.
c) Wlać mieszaninę do maszyny do lodów i zamrozić zgodnie z instrukcją.
d) Przenieść do odpowiedniego pojemnika i zamrażać do momentu użycia.

14.Świeże lody imbirowe

SKŁADNIKI:

- 2 szklanki gęstej śmietanki
- 1 szklanka pełnego mleka
- ¾ szklanki cukru
- 1 (3-calowy) kawałek świeżego korzenia imbiru, obrany i grubo posiekany
- 1 duże jajko
- 3 duże żółtka
- 1 łyżeczka ekstraktu waniliowego

INSTRUKCJE:

a) W dużym rondlu połącz śmietanę, mleko, cukier i imbir. Doprowadzić do wrzenia, mieszając, aż cukier się rozpuści. Zdjąć z ognia. Przykryj i pozostaw do ostygnięcia do temperatury pokojowej. Odcedź mieszaninę, aby usunąć cały korzeń imbiru.

b) Doprowadź mieszaninę mleka ponownie do wrzenia.

c) W dużej misce wymieszaj jajko i żółtka. Gdy mieszanina mleka się zagotuje, zdejmij z ognia i bardzo powoli wlewaj ją do mieszanki jajecznej, aby ją zahartować, cały czas mieszając.

d) Po dodaniu całej mieszanki mlecznej włóż ją z powrotem do rondla i kontynuuj gotowanie na średnim ogniu, ciągle mieszając, aż mieszanina zgęstnieje na tyle, aby pokryć grzbiet łyżki (2 do 3 minut). Zdjąć z ognia i wymieszać z wanilią.

e) Przykryj mieszaninę mleka i pozostaw do ostygnięcia do temperatury pokojowej, następnie przechowuj w lodówce aż do dobrego schłodzenia, od 3 do 4 godzin lub przez noc. Wlać schłodzoną mieszaninę do maszyny do lodów i zamrozić zgodnie z instrukcją.

f) Przełóż lody do pojemnika przeznaczonego do zamrażania i włóż do zamrażarki. Przed podaniem pozwól mu ostygnąć przez 1 do 2 godzin.

15.Świeże lody brzoskwiniowe

SKŁADNIKI:
- 2 łyżki niesmakowanej żelatyny
- 3 szklanki mleka, podzielone
- 2 szklanki granulowanego cukru
- 1/4 łyżeczki soli
- 6 jaj
- 1 1/2 szklanki pół na pół
- 1 małe pudełko waniliowego budyniu błyskawicznego
- 1 łyżka plus 2 łyżeczki ekstraktu waniliowego
- 4 szklanki pokruszonych brzoskwiń

INSTRUKCJE:
a) Zmiękczyć żelatynę w 1/2 szklanki zimnego mleka. Zaparz kolejne 1 1/2 szklanki mleka. Mieszaj mieszaninę żelatyny, aż się rozpuści. Dodaj cukier, sól i pozostałą 1 szklankę mleka.
b) Jajka ubijaj na wysokich obrotach miksera przez 5 minut. Dodać pół na pół, mieszankę budyniową, ekstrakt waniliowy i mieszaninę żelatyny. Dobrze wymieszaj. Wymieszaj brzoskwinie.
c) Zamrażaj w zamrażarce do lodów zgodnie z instrukcją producenta . Dojrzewać przez 2 godziny.

ŻELAT

16.Lody Di Crema

SKŁADNIKI:

- 2 ½ szklanki jasnej śmietanki
- 5 żółtek
- ½ szklanki drobnego cukru

INSTRUKCJE:

a) Podgrzej śmietanę, aż zacznie wrzeć, a następnie lekko ostudź.
b) W dużej żaroodpornej misce ubijaj żółtka z cukrem, aż masa będzie gęsta i kremowa. Delikatnie ubij śmietankę chłodzącą z jajkami.
c) Postaw miskę na garnku z delikatnie gotującą się wodą i mieszaj drewnianą łyżką, aż krem pokryje grzbiet łyżki. Wyjmij miskę i pozostaw do ostygnięcia.
d) Gdy krem całkowicie ostygnie, przelej go do maszyny do lodów i poddaj obróbce według wskazówek producenta lub wymieszaj ręcznie. Przestań ubijać, gdy masa będzie prawie twarda, przenieś ją do pojemnika do zamrażania i pozostaw w zamrażarce na 15 minut przed podaniem lub do czasu, aż będzie potrzebna.
e) Lody te najlepiej smakują świeże, ale można je zamrozić na okres do 1 miesiąca. Wyjąć co najmniej 15 minut przed podaniem, aby lekko zmiękło.

17.Lody pistacjowe

SKŁADNIKI:

- 2 szklanki pistacji łuskanych
- kilka kropli czystego ekstraktu migdałowego
- kilka kropli czystego ekstraktu waniliowego
- 1 przepis na lody di crema

INSTRUKCJE:

a) Obrane pistacje namoczyć we wrzącej wodzie przez 5 minut, następnie odcedzić i zetrzeć skórkę czystą szmatką. Zmiel orzechy na pastę w blenderze lub robocie kuchennym z kilkoma kroplami ekstraktu migdałowego i waniliowego, dodając tylko niewielką ilość gorącej wody, aby uzyskać gładkie puree.

b) Przygotuj podstawowe lody lub jedną z jego odmian. Wymieszaj puree z lodami, spróbuj i, jeśli to konieczne, dodaj jeszcze kilka kropli jednego lub obu ekstraktów, do smaku.

c) Wlać do maszynki do lodów i rozrobić według wskazówek producenta lub do pojemnika do zamrażania, mieszając ręcznie . Przestań ubijać, gdy masa będzie prawie twarda, przenieś ją do pojemnika do zamrażania i pozostaw w zamrażarce na 15 minut przed podaniem lub do czasu, aż będzie potrzebna.

d) Tak bogatych lodów orzechowych nie należy zamrażać dłużej niż kilka tygodni. Wyjmij z zamrażarki na 15 minut przed podaniem, aby lekko zmiękło.

e)

18.Lody z gorzką czekoladą

SKŁADNIKI:

- 2 ½ szklanki pełnego mleka
- 7 uncji ciemna czekolada, połamana na kawałki
- 5 żółtek
- ¼ szklanki jasnego brązowego cukru
- 1 szklanka gęstej śmietany, ubitej

INSTRUKCJE:

a) W rondelku podgrzej połowę mleka z czekoladą, aż się rozpuści i będzie gładka, od czasu do czasu mieszając. Odstawić do ostygnięcia. Resztę mleka doprowadzić prawie do wrzenia. W dużej żaroodpornej misce ubić żółtka z cukrem na gęstą masę, następnie stopniowo dodawać gorące mleko.

b) Miskę postaw na garnku z gotującą się wodą i mieszaj drewnianą łyżką, aż krem pokryje grzbiet łyżki.

c) Zdjąć z ognia i odstawić do całkowitego ostygnięcia.

d) Po ostygnięciu zmiksuj budyń z mlekiem czekoladowym, następnie dodaj bitą śmietanę. Wlać do maszynki do lodów i rozrobić według wskazówek producenta lub wlać do pojemnika do zamrażarki i wymieszać metodą ręczną.

e) Ubijaj tylko przez 15 do 20 minut lub do momentu, aż masa będzie twarda. Przenieść do zamrażarki i zamrażać przez 15 minut przed podaniem lub do momentu użycia.

f) Te gęste lody najlepiej spożywać na świeżo, ale można je zamrozić na okres do 1 miesiąca.

g) Wyjąć co najmniej 15 minut przed podaniem, aby lekko zmiękło.

19.Lody Malinowe

SKŁADNIKI:
- 4 szklanki świeżych malin
- ¼ szklanki drobnego cukru
- 1 łyżeczka. sok cytrynowy
- 1 przepis na lody di crema

INSTRUKCJE:
a) Wyjmij ¼ szklanki malin i krótko rozgnieć. Odłożyć na bok. Wymieszaj pozostałe jagody, cukier i sok z cytryny. Przeciśnij przez sito. Odłożyć 4 łyżki puree do ostygnięcia.
b) Przygotuj podstawowy przepis na lody di crema. Do ostudzonego kremu włóż puree malinowe. Ubijaj lub zamrażaj jak poprzednio, aż masa będzie prawie twarda.
c) Przenieś lody do hermetycznego pojemnika do zamrażania i dodawaj na zmianę łyżkę zarezerwowanego przecieru owocowego i pokruszonych malin, tak aby mieszanina falowała podczas podawania. Zamrażaj na 15 minut lub do czasu, aż będzie to konieczne.
d) Lody te można zamrażać przez około 1 miesiąc. Wyjmij z zamrażarki co najmniej 15 minut przed podaniem, aby zmiękło, ponieważ całe owoce mogą utrudniać podanie.

20.Lody cytrynowe

SKŁADNIKI:

- 1 przepis na lekkie lody
- 2 niewoskowane cytryny

INSTRUKCJE:

a) Przygotuj podstawowe lekkie lody, a następnie zmieszaj drobno startą skórkę z cytryn i co najmniej ½ szklanki soku z cytryny.

b) Wlać do maszynki do lodów i przetwarzać zgodnie ze wskazówkami producenta lub zastosować metodę ręcznego mieszania . Przestań ubijać, gdy masa będzie prawie twarda, przenieś ją do pojemnika do zamrażania i pozostaw w zamrażarce na 15 minut przed podaniem lub do czasu, aż będzie potrzebna.

c) Lody te najlepiej smakują świeże, ale można je zamrozić na okres do 1 miesiąca. Wyjmij z zamrażarki na 15 minut przed podaniem, aby lekko zmiękło.

21. Lody Tutti-Frutti

SKŁADNIKI:
- 1 przepis na lody di crema
- 1 szklanka posiekanych kandyzowanych owoców (wiśnie, ananas, skórka cytrusów, imbir)

INSTRUKCJE:

a) Przygotuj podstawowe lody i ubijaj, aż będą częściowo zamrożone. Wymieszaj ulubione owoce i zamroź, aż będą potrzebne.

b) Chociaż najlepiej spożywać je na świeżo, lody te można zamrozić na okres do 1 miesiąca. Wyjmij z zamrażarki na 15 minut przed podaniem, aby lekko zmiękło.

22. Lody kawowe

SKŁADNIKI:
- 1 ¼ szklanki jasnej śmietanki
- 5 żółtek
- ½ szklanki drobnego cukru
- 1 łyżeczka. czysty ekstrakt z wanilii
- 1 ¼ filiżanki świeżo zaparzonego, wyjątkowo mocnego espresso

INSTRUKCJE:
a) Podgrzej śmietankę, aż zacznie wrzeć, a następnie lekko ostudź.
b) W dużej żaroodpornej misce ubij żółtka, cukier i wanilię, aż masa będzie gęsta i kremowa. Wymieszaj gorącą śmietankę i kawę, a następnie umieść miskę nad garnkiem z delikatnie gotującą się wodą. Ciągle mieszaj drewnianą łyżką, aż krem pokryje tył łyżki.
c) Zdejmij miskę z ognia i pozwól jej ostygnąć. Po całkowitym wystygnięciu przelać do maszynki do lodów i przetwarzać według wskazówek producenta lub wymieszać ręcznie. Przestań ubijać, gdy masa będzie prawie twarda, przenieś ją do pojemnika do zamrażania i pozostaw w zamrażarce na 15 minut przed podaniem lub do czasu, aż będzie potrzebna.
d) Lody te są pyszne świeże, ale można je zamrozić nawet na 3 miesiące. Wyjąć na 15 minut przed podaniem, aby lekko zmiękło.

23. Lody Kumkwat

SKŁADNIKI:

- 2 szklanki pokrojonego kumkwatu
- 2 łyżki stołowe. ciemny rum lub sok pomarańczowy
- 3 łyżki Jasnobrązowy cukier
- 2 do 3 łyżek. gorąca woda
- 1 przepis na lody di crema

INSTRUKCJE:

a) Ugotuj kumkwaty na małej patelni z rumem, brązowym cukrem i gorącą wodą. Pozwól im delikatnie bąbelkować, aż staną się złociste i syropowe. Zdjąć z ognia. Jeśli chcesz udekorować nimi lody, odłóż 2 łyżki owoców w syropie. Fajny.

b) Przygotuj podstawowe lody i dodaj schłodzone owoce przed ubijaniem. Ta mieszanina zajmie tylko około połowę zwykłego czasu zamrażania.

c) Podczas serwowania udekoruj zarezerwowanymi owocami.

d) Lody te można przechowywać w zamrażarce do 1 miesiąca. Pamiętaj, aby wyjąć go na 15 minut przed podaniem, aby lekko zmiękł.

24. Lody migdałowe Amaretto

SKŁADNIKI:
- 4 szklanki gęstej śmietanki
- 5 żółtek
- 1 szklanka granulowanego cukru
- 1 szklanka zmielonych, blanszowanych migdałów
- 1 łyżka likieru Amaretto

INSTRUKCJE:
a) Śmietanę wlać do rondelka i delikatnie podgrzać.
b) Ubij żółtka z cukrem, aż masa będzie jasna i kremowa. Ubij 2 łyżki gorącej śmietany do mieszanki jajecznej, a następnie ubijaj pozostałą śmietanę, po pół szklanki na raz.
c) Wlać do podwójnego bojlera lub miski ustawionej nad garnkiem z wrzącą wodą i gotować na delikatnym ogniu, ciągle mieszając, przez 15 do 20 minut, aż mieszanina pokryje grzbiet łyżki. Ochłodź mieszaninę, a następnie ostudź.
d) Schłodzoną masę wlewamy do maszyny do lodów i ubijamy zgodnie z instrukcją producenta. Podczas gdy łopatka się ubija, dodaj migdały i Amaretto i zamroź lody na noc.
e) Przed podaniem włożyć do lodówki na około 20 minut.

25. Lody owsiane cynamonowe

SKŁADNIKI:
- Pusta baza do lodów
- 1 szklanka płatków owsianych
- 1 łyżka mielonego cynamonu

INSTRUKCJE:
a) Przygotuj pustą podstawę zgodnie z instrukcją.
b) Na małej patelni ustawionej na średnim ogniu połącz płatki owsiane i cynamon. Smażyć, regularnie mieszając, przez 10 minut lub do momentu, aż będzie rumiane i aromatyczne.
c) Aby zaparzyć, dodaj prażony cynamon i płatki owsiane do podstawy po wyjęciu z pieca i pozostaw do zaparzenia na około 30 minut. Korzystanie z sitka ustawionego nad miską; odcedź substancję stałą, dociskając, aby uzyskać jak najwięcej aromatycznej śmietanki. Może wypłynąć trochę miąższu owsianego, ale nie ma w tym nic złego – jest pyszne! Zarezerwuj płatki owsiane na potrzeby przepisu na płatki owsiane!
d) Przechowuj mieszankę w lodówce przez noc. Gdy będziesz już gotowy do przygotowania lodów, ponownie zmiksuj je blenderem zanurzeniowym, aż uzyskasz gładką i kremową konsystencję.
e) Przelać do maszynki do lodów i zamrozić zgodnie ze wskazówkami producenta. Przechowywać w szczelnym pojemniku i zamrażać przez noc.

26. Lody z podwójną czekoladą

SKŁADNIKI:

- ½ szklanki gęstej śmietanki
- 2 szklanki mleka
- ¾ szklanki cukru
- ¼ łyżeczki soli
- 7 uncji wysokiej jakości ciemnej czekolady
- 1 łyżeczka ekstraktu waniliowego
- Masło kokosowe

INSTRUKCJE:

a) Pierwszy etap polega na rozpuszczeniu czekolady, a następnie jej lekkim ochłodzeniu. Do miski włóż mleko, śmietankę i masło i mieszaj, aż składniki się dobrze połączą.

b) Wymieszaj cukier za pomocą trzepaczki i soli. Kontynuuj ubijanie przez około 4 minuty, aż cukier i sól się rozpuszczą. Następnie wymieszaj z ekstraktem waniliowym.

c) Na koniec dodać czekoladę, aż składniki dobrze się połączą. Wlać składniki do maszyny do lodów i pozostawić do wyrabiania na 25 minut.

d) Lody przełóż do szczelnego pojemnika i włóż do zamrażarki na maksymalnie 2 godziny, aż do uzyskania pożądanej konsystencji.

27. Gelato Wiśniowo-Truskawkowe

SKŁADNIKI:

- ½ szklanki gęstej śmietanki
- 2 szklanki mleka
- ¾ szklanki cukru
- Masło kokosowe
- 1 szklanka pokrojonych truskawek
- 1 łyżka ekstraktu waniliowego

INSTRUKCJE:

a) Za pomocą blendera dokładnie zmiksuj truskawki. Do miski włóż mleko, śmietankę i masło i mieszaj, aż składniki się dobrze połączą. Wymieszaj cukier za pomocą trzepaczki.

b) Kontynuuj ubijanie przez około 4 minuty, aż cukier się rozpuści. Następnie wymieszaj ekstrakt waniliowy i puree truskawkowe.

c) Wlać składniki do maszyny do lodów i pozostawić do wyrabiania na 25 minut.

d) Lody przełóż do szczelnego pojemnika i włóż do zamrażarki na maksymalnie 2 godziny, aż do uzyskania pożądanej konsystencji.

28. Limonkowe Gelato Z Nasionami Chia

SKŁADNIKI:

- Tarta skórka i sok z 4 limonek
- ¾ szklanki cukru
- szklanki pół na pół
- duże żółtka
- 1 ¼ szklanki ciężkiej śmietanki
- ⅔ szklanki nasion chia

INSTRUKCJE:

a) W robocie kuchennym zmiksuj skórkę z limonki i cukier około 5 razy, aby wydobyć ze skórki oleje. Przenieś cukier limonkowy do miski.
b) Częściowo napełnij dużą miskę lodem i wodą, umieść średnią miskę w lodowatej wodzie i umieść na górze sitko o drobnych oczkach.
c) W rondlu wymieszaj ½ szklanki cukru limonkowego z półtorej szklanki. Doprowadzić do wrzenia na średnim ogniu, mieszając, aby rozpuścić cukier.
d) W międzyczasie dodaj żółtka do pozostałego w misce cukru limonkowego i wymieszaj, aby połączyć.
e) Stopniowo wlewaj około połowy gorącej mieszanki pół na pół do żółtek, ciągle ubijając, a następnie wymieszaj tę mieszaninę z pół na pół w rondlu.
f) Gotuj, ciągle mieszając, aż krem będzie wystarczająco gęsty, aby pokryć tył łyżki, około 5 minut.
g) Krem przelej przez sitko do przygotowanej miski i mieszaj, aż ostygnie.
h) Wymieszaj sok z limonki, śmietanę i nasiona chia. Wyjmij miskę z łaźni lodowej, przykryj i przechowuj w lodówce, aż krem będzie zimny, co najmniej 2 godziny lub maksymalnie 4 godziny.
i) Zamrażaj i ubijaj w maszynie do lodów zgodnie ze wskazówkami producenta. Aby lody miały miękką konsystencję, podawaj je od razu; aby uzyskać bardziej sztywną konsystencję, przełóż go do pojemnika, przykryj i pozostaw do stwardnienia w zamrażarce na 2–3 godziny.

29. Lody Toblerone

SKŁADNIKI:

- 24 uncje pełnego mleka
- 2,7 uncji brązowego cukru
- 3 łyżki skrobi kukurydzianej
- 2 łyżki kakao w proszku
- 1 ½ łyżki miodu
- ¾ łyżeczki soli koszernej
- 2 uncje miękkiego serka śmietankowego
- Trzy 3,5-uncjowe batony ciemnego Toblerone, posiekane
- 1 łyżka wanilii
- 1 ½ łyżeczki Amaretto
- 1 baton Toblerone, pokrojony na małe kawałki

INSTRUKCJE:

a) W rondlu o grubym dnie wymieszaj mleko, cukier, skrobię kukurydzianą, kakao w proszku, miód i sól. Podgrzewaj na średnim lub średnim ogniu, ciągle mieszając, aż mieszanina się zagotuje.

b) Pozwól bazie się zagotować przez 10-15 sekund, a następnie wlej do miski z serkiem śmietankowym i 3 batonami posiekanego Toblerone. Dodać wanilię i amaretto, odstawić na minutę, aby ser i czekolada się rozpuściły.

c) Ubijaj bazę, aż czekolada i ser się rozpuszczą. Baza będzie zawierała maleńkie kawałki migdałów.

d) Wlać bazę do blendera i zmiksować na gładką masę.

e) Odcedź bazę do metalowej miski umieszczonej w większej misce wypełnionej lodowatą wodą.

f) Mieszaj od czasu do czasu, aż temperatura nie przekroczy 40 F.

g) Ubij bazę zgodnie ze wskazówkami producenta. Gdy lody uzyskają miękką konsystencję, można podawać. dodaj ostatnią tabliczkę drobno posiekanej czekolady i ubijaj przez kolejne 2 minuty, aż cukierek równomiernie się rozłoży.

h) Zapakuj do pojemnika. Dociśnij folię bezpośrednio do powierzchni lodów i zamroź na 4-6 godzin lub na noc.

30.Czekoladowe lody z nutellą

SKŁADNIKI:
- ⅓ szklanki gęstej śmietanki
- 1 ⅓ szklanki 2% mleka
- ½ szklanki granulowanego cukru
- 2 łyżki Nutelli
- 2-3 łyżki mini chipsów z gorzkiej czekolady

INSTRUKCJE:

a) W średniej lub dużej misce dodaj śmietanę, mleko i cukier, ubijaj na średniej prędkości przez 20 sekund, następnie wlej do maszyny do lodów.

b) Gdy lody będą już prawie gotowe, dodaj Nutellę i kawałki czekolady i kontynuuj pracę maszyną do lodów, aż uzyskasz pożądaną kremowość.

31. Wiśniowe Gelato

SKŁADNIKI:

- 2 szklanki pełnego mleka
- 5 żółtek
- 1 szklanka cukru
- 1 szklanka gęstej śmietanki
- 1 łyżeczka wanilii
- 2 łyżeczki startej pomarańczy
- 1 funt pestek wiśni

INSTRUKCJE:

a) W średnim rondlu ubić żółtka z cukrem i podgrzewać, aż cukier się rozpuści. Dodaj mleko, startą pomarańczę i śmietankę i wymieszaj, aż składniki się połączą.
b) Gotuj na średnim ogniu, ciągle mieszając przez 8 – 10 minut, aż zgęstnieje.
c) Zdjąć z ognia.
d) Dodaj wiśnie i zmiksuj je w robocie kuchennym. Wymieszaj zmiksowane wiśnie i wanilię. Przelej przez drobne sitko do plastikowej miski. Przykryj i wstaw do lodówki na noc.
e) Przełóż mieszaninę przez maszynę do lodów, postępując zgodnie ze wskazówkami producenta.
f) Zamrażaj, aż będzie gotowy do podania.

32. Lody jeżynowe

SKŁADNIKI:

- 2 szklanki pełnego mleka
- 4 żółtka
- 1 szklanka cukru
- ½ szklanki gęstej śmietanki
- ½ łyżeczki soli
- 2 szklanki jeżyn

INSTRUKCJE:

a) Jeżyny przetrzeć przez sito o drobnych oczkach umieszczone nad misą miksującą. Tylną częścią łyżki przepchnij miąższ przez sito, aby usunąć sok i miąższ bez użycia nasion. Odłożyć na bok.
b) W średnim rondlu ubić żółtka z cukrem i podgrzewać, aż cukier się rozpuści. Dodaj mleko, sól i śmietankę i mieszaj, aż składniki się połączą.
c) Gotuj na średnim ogniu, ciągle mieszając przez 8 – 10 minut, aż zgęstnieje.
d) Zdjąć z ognia.
e) Wymieszaj sok z jeżyn i miąższ. Przelej przez drobne sitko do plastikowej miski. Przykryj i wstaw do lodówki na noc.
f) Przełóż mieszaninę przez maszynę do lodów, postępując zgodnie ze wskazówkami producenta.
g) Zamrażaj, aż będzie gotowy do podania.

33.Lody Malinowe

SKŁADNIKI:
- 2 szklanki pełnego mleka
- 4 żółtka
- 1 ¼ szklanki cukru
- 1 szklanka gęstej śmietanki
- 1 łyżeczka soli
- 2 szklanki malin

INSTRUKCJE:
a) Maliny przetrzeć przez sito (najlepiej siatkowe) umieszczone nad naczyniem miksującym. Następnie przetrzyj miąższ przez sitko, aby usunąć sok, chwytając tył łyżki i dociskając go. Dzięki temu miąższ pozostanie bez użycia nasion. Odłożyć na bok.
b) W średnim rondlu wymieszaj tylko żółtka z cukrem, ubijając je i rozpuść cukier, aż się dobrze rozpuści. Dodaj mleko, sól i śmietankę i mieszaj, aż składniki się połączą.
c) Gotuj na średnim ogniu, ciągle mieszając przez 8 – 10 minut, aż zgęstnieje.
d) Zdjąć z ognia.
e) Wymieszaj sok malinowy i miąższ. Przelej przez drobne sitko do plastikowej miski. Przykryj i wstaw do lodówki na noc.
f) Przełóż mieszaninę przez maszynę do lodów, postępując zgodnie ze wskazówkami producenta.
g) Zamrażaj, aż będzie gotowy do podania.

34. Lody jagodowe

SKŁADNIKI:

- 2 szklanki pełnego mleka
- 5 żółtek
- 1 szklanka cukru
- ½ szklanki gęstej śmietanki
- 1 łyżeczka soli
- 2 szklanki jagód
- 1 ½ łyżeczki soku z cytryny

INSTRUKCJE:

a) W średnim rondlu ubić żółtka z cukrem i podgrzewać, aż cukier się rozpuści. Dodaj mleko, sól i śmietankę i mieszaj, aż składniki się połączą.
b) Gotuj na średnim ogniu, ciągle mieszając przez 8 – 10 minut, aż zgęstnieje.
c) Zdjąć z ognia.
d) Umieść jagody i sok z cytryny w robocie kuchennym i miksuj, aż się wymieszają. Wymieszaj mieszaninę jagód i cytryny z płynem. Przelej przez drobne sitko do plastikowej miski. Przykryj i wstaw do lodówki na noc.
e) Przełóż mieszaninę przez maszynę do lodów, postępując zgodnie ze wskazówkami producenta.
f) Zamrażaj, aż będzie gotowy do podania.

35. Lody Mango

SKŁADNIKI:

- 2 szklanki pełnego mleka
- 4 żółtka
- 1 szklanka cukru
- 1 szklanka gęstej śmietanki
- 1 łyżeczka soli
- 2 szklanki puree z mango
- 1 ½ łyżki skrobi kukurydzianej

INSTRUKCJE:

a) W średnim rondlu ubić żółtka z cukrem i podgrzewać, aż cukier się rozpuści. Dodaj mleko, sól i śmietankę i mieszaj, aż składniki się połączą.
b) Gotuj na średnim ogniu, ciągle mieszając przez 8 – 10 minut, aż zgęstnieje.
c) Zdjąć z ognia.
d) Umieść mango i skrobię kukurydzianą w robocie kuchennym i miksuj do momentu wymieszania. Wymieszaj mieszaninę mango z płynem. Przelej przez drobne sitko do plastikowej miski. Przykryj i wstaw do lodówki na noc.
e) Przełóż mieszaninę przez maszynę do lodów, postępując zgodnie ze wskazówkami producenta.
f) Zamrażaj, aż będzie gotowy do podania.

36.Lody z masłem orzechowym

SKŁADNIKI:

- 2 szklanki pełnego mleka
- 5 żółtek
- ⅔ szklanki cukru
- 1 ½ szklanki gęstej śmietanki
- 1 łyżeczka soli
- 1 łyżeczka wanilii
- ⅔ szklanki masła orzechowego

INSTRUKCJE:

a) W średnim rondlu ubić żółtka z cukrem i podgrzewać, aż cukier się rozpuści. Dodaj mleko, sól i śmietankę i mieszaj, aż składniki się połączą.
b) Gotuj na średnim ogniu, ciągle mieszając przez 8 – 10 minut, aż zgęstnieje.
c) Zdjąć z ognia.
d) Do płynu wmieszaj masło orzechowe i wanilię. Przelej przez drobne sitko do plastikowej miski. Przykryj i wstaw do lodówki na noc.
e) Przełóż mieszaninę przez maszynę do lodów, postępując zgodnie ze wskazówkami producenta.
f) Zamrażaj, aż będzie gotowy do podania.

37.Lody z orzechów laskowych

SKŁADNIKI:

- 2 szklanki pełnego mleka
- 5 żółtek
- ⅓ szklanki cukru
- 1 ½ szklanki gęstej śmietanki
- 1 łyżeczka soli
- 1 łyżeczka wanilii
- 1 szklanka prażonych orzechów laskowych

INSTRUKCJE:

a) W średnim rondlu ubić żółtka z cukrem i podgrzewać, aż cukier się rozpuści. Dodaj mleko, sól i śmietankę i mieszaj, aż składniki się połączą.
b) Gotuj na średnim ogniu, ciągle mieszając przez 8 – 10 minut, aż zgęstnieje.
c) Zdjąć z ognia.
d) Włóż prażone orzechy laskowe do robota kuchennego i zmiksuj. Do płynu wmieszaj orzechy laskowe i wanilię. Przelej przez drobne sitko do plastikowej miski. Przykryj i wstaw do lodówki na noc.
e) Przełóż mieszaninę przez maszynę do lodów, postępując zgodnie ze wskazówkami producenta.
f) Zamrażaj, aż będzie gotowy do podania.

38.Mieszane lody jagodowe

SKŁADNIKI:

- 2 szklanki pełnego mleka
- 4 żółtka
- ½ szklanki cukru
- 1 szklanka gęstej śmietanki
- 1 łyżeczka soli
- 1 łyżeczka wanilii
- ½ szklanki jagód
- ½ szklanki malin

INSTRUKCJE:

a) Maliny przetrzeć przez sito (najlepiej siatkowe) umieszczone nad naczyniem miksującym. Tylną częścią łyżki przepchnij miąższ przez sito, aby usunąć sok i miąższ bez użycia nasion. Odłożyć na bok.
b) W średnim rondlu ubić żółtka z cukrem i podgrzewać, aż cukier się rozpuści. Dodaj mleko, sól i śmietankę i mieszaj, aż składniki się połączą.
c) Gotuj na średnim ogniu, ciągle mieszając przez 8 – 10 minut, aż zgęstnieje.
d) Zdjąć z ognia.
e) Włóż wanilię, jagody, sok i miąższ malinowy do robota kuchennego i pulsuj, aż się połączą. Wymieszaj mieszaninę jagód i wanilii w płynie. Przelej przez drobne sitko do plastikowej miski. Przykryj i wstaw do lodówki na noc.
f) Przełóż mieszaninę przez maszynę do lodów, postępując zgodnie ze wskazówkami producenta.
g) Zamrażaj, aż będzie gotowy do podania.

39. Lody Kokosowe

SKŁADNIKI:

- 5 żółtek
- 2 szklanki mleka kokosowego
- 1 szklanka cukru
- 1 szklanka gęstej śmietanki
- 1 łyżeczka soli
- 1 łyżeczka wanilii
- woda kokosowa z jednego świeżego kokosa
- ½ szklanki wiórków słodzonego kokosa

INSTRUKCJE:

a) Ubij żółtka, wodę kokosową ze świeżych wiórków kokosowych i cukier w średnim rondlu i podgrzewaj, aż cukier się rozpuści. Dodaj mleko kokosowe, sól i śmietankę i wymieszaj, aż składniki się połączą.
b) Gotuj na średnim ogniu, ciągle mieszając przez 8 – 10 minut, aż zgęstnieje.
c) Zdjąć z ognia.
d) Do płynu wmieszaj płatki kokosowe i mieszaninę wanilii. Przelej przez drobne sitko do plastikowej miski. Przykryj i wstaw do lodówki na noc.
e) Przełóż mieszaninę przez maszynę do lodów, postępując zgodnie ze wskazówkami producenta.
f) Zamrażaj, aż będzie gotowy do podania.

40. lody dyniowe

SKŁADNIKI:
- 2 szklanki pełnego mleka
- 4 żółtka
- 1 szklanka cukru
- 1 szklanka gęstej śmietanki
- 1 łyżeczka soli
- 1 łyżeczka wanilii
- 1 szklanka puree z dyni
- 1 łyżeczka cynamonu
- ¼ szklanki brązowego cukru

INSTRUKCJE:
a) W średnim rondlu ubić żółtka z cukrem i podgrzewać, aż cukier się rozpuści. Dodaj mleko, sól i śmietankę i mieszaj, aż składniki się połączą.
b) Gotuj na średnim ogniu, ciągle mieszając przez 8 – 10 minut, aż zgęstnieje.
c) Zdjąć z ognia.
d) Wymieszaj brązowy cukier, cynamon, puree z dyni i wanilię, a następnie wymieszaj je z płynem. Przelej przez drobne sitko do plastikowej miski. Przykryj i wstaw do lodówki na noc.
e) Przełóż mieszaninę przez maszynę do lodów, postępując zgodnie ze wskazówkami producenta.
f) Zamrażaj, aż będzie gotowy do podania.

41. Lody ananasowo-kokosowe

SKŁADNIKI:

- 2 szklanki mleka kokosowego
- 5 żółtek
- 1 szklanka cukru
- 1 szklanka gęstej śmietanki
- 1 łyżeczka soli
- 1 łyżeczka wanilii
- Puszka 1–20 uncji pokruszonego ananasa – nie odcedzaj!
- ½ szklanki wiórków i słodzonego kokosa

INSTRUKCJE:

a) W średnim rondlu ubić żółtka z cukrem i podgrzewać, aż cukier się rozpuści. Dodaj mleko kokosowe, sól i śmietankę i wymieszaj, aż składniki się połączą.
b) Gotuj na średnim ogniu, ciągle mieszając przez 8 – 10 minut, aż zgęstnieje.
c) Zdjąć z ognia.
d) Do robota kuchennego włóż pokruszone ananasy, sok ananasowy z puszki, wanilię i wiórki kokosowe. Mieszaj aż do wymieszania i wymieszaj z płynem. Przelej przez drobne sitko do plastikowej miski. Przykryj i wstaw do lodówki na noc.
e) Przełóż mieszaninę przez maszynę do lodów, postępując zgodnie ze wskazówkami producenta.
f) Zamrażaj, aż będzie gotowy do podania.

42. Lody lemoniadowe

SKŁADNIKI:

- 2 szklanki mleka
- 5 żółtek
- 1 szklanka cukru
- 1 szklanka gęstej śmietanki
- 1 łyżeczka soli
- ¾ szklanki soku z cytryny
- 3 łyżki skórki cytrynowej

INSTRUKCJE:

a) W średnim rondlu ubić żółtka z cukrem i podgrzewać, aż cukier się rozpuści. Dodaj mleko, sól i śmietankę i mieszaj, aż składniki się połączą.
b) Gotuj na średnim ogniu, ciągle mieszając przez 8 – 10 minut, aż zgęstnieje.
c) Zdjąć z ognia.
d) Do płynu dodaj sok i skórkę z cytryny. Przelej przez drobne sitko do plastikowej miski. Przykryj i wstaw do lodówki na noc.
e) Przełóż mieszaninę przez maszynę do lodów, postępując zgodnie ze wskazówkami producenta.
f) Zamrażaj, aż będzie gotowy do podania.

43.Lody z awokado

SKŁADNIKI:

- 2 szklanki mleka
- 4 żółtka
- 1 szklanka cukru
- 1 szklanka gęstej śmietanki
- 1 łyżeczka soli
- Zetrzyj skórkę z dwóch pomarańczy
- 2 obrane i wypestkowane awokado
- 1 łyżeczka ekstraktu waniliowego

INSTRUKCJE:

a) W średnim rondlu ubić żółtka z cukrem i podgrzewać, aż cukier się rozpuści. Dodaj mleko, sól i śmietankę i mieszaj, aż składniki się połączą.
b) Gotuj na średnim ogniu, ciągle mieszając przez 8 – 10 minut, aż zgęstnieje.
c) Zdjąć z ognia.
d) Przełóż awokado, skórkę pomarańczową i wanilię do robota kuchennego. Przetwarza aż do wymieszania. Następnie wlej go do płynu.
e) Przelej przez drobne sitko do plastikowej miski. Przykryj i wstaw do lodówki na noc.
f) Przełóż mieszaninę przez maszynę do lodów, postępując zgodnie ze wskazówkami producenta.
g) Zamrażaj, aż będzie gotowy do podania.

44. Lody z ciemnej czekolady

SKŁADNIKI:

- 2 szklanki mleka
- 4 żółtka
- 1 szklanka gęstej śmietanki
- 1 szklanka cukru
- 1 łyżeczka soli
- 1 łyżeczka wanilii
- ½ szklanki niesłodzonego ciemnego kakao w proszku
- 6 uncji drobno posiekanej ciemnej czekolady

INSTRUKCJE:

a) W średnim rondlu ubić żółtka z cukrem i podgrzewać, aż cukier się rozpuści. Dodaj mleko, sól i śmietankę i mieszaj, aż składniki się połączą.
b) Gotuj na średnim ogniu. Dodać gorzką czekoladę i mieszać, aż czekolada się rozpuści. Kontynuuj gotowanie, ciągle mieszając przez 8 – 10 minut, aż masa zgęstnieje.
c) Zdjąć z ognia.
d) Wymieszać z kakao i wanilią. Przelej przez drobne sitko do plastikowej miski. Przykryj i wstaw do lodówki na noc.
e) Przełóż mieszaninę przez maszynę do lodów, postępując zgodnie ze wskazówkami producenta.
f) Zamrażaj, aż będzie gotowy do podania.

45.Lody karmelowe

SKŁADNIKI:
- 2 szklanki pełnego mleka
- ¼ szklanki żółtek
- ¼ szklanki białego granulowanego cukru
- ¼ łyżeczki ekstraktu waniliowego
- ½ szklanki sosu karmelowego
- 1 szklanka gęstej śmietanki
- ⅛ łyżeczki soli

INSTRUKCJE:
a) Połącz pełne mleko i ciężką śmietankę w małym rondlu i zagotuj na średnim ogniu. Wyłącz ogień zaraz po zagotowaniu i zdejmij patelnię z gorącej płyty kuchennej.
b) Do mleka dodać sos karmelowy i wymieszać.
c) Czekając, aż śmietanka i mleko się zagotują, ubijaj żółtka z cukrem, aż staną się blade i pieniste. Do wykonania tego kroku możesz użyć miksera elektrycznego, ponieważ będziesz musiał chwilę ubijać!
d) Ubijając żółtka, powoli wlewaj do żółtek gorącą mieszankę mleczną, cały czas ubijając i dolewając, aby przypadkowo nie ugotować jajek ciepłem mleka.
e) Dodaj mieszaninę mleka i jajek z powrotem do rondla i wróć do kuchenki, gotuj na małym ogniu, aż mieszanka będzie wystarczająco gęsta, aby pokryć grzbiet łyżki. ale robiąc to, musisz pamiętać o ciągłym mieszaniu. Nie dopuść do wrzenia mleka, a jeśli zauważysz, że w masie zaczynają tworzyć się grudki, zdejmij ją z ognia i przetrzyj przez sitko.
f) Mieszankę lodów należy schłodzić w lodówce pod całkowitym przykryciem na co najmniej 4 godziny lub, jeśli to możliwe, na całą noc.
g) Po schłodzeniu mieszanki lodów wlej ją do maszyny do lodów i zamroź lody zgodnie z instrukcjami maszyny. Po przygotowaniu w maszynie lody będą miały konsystencję miękkich lodów. Na tym etapie przełóż go do pojemnika przeznaczonego do zamrażania i włóż do zamrażarki na co najmniej dwie godziny. Podawaj smaczne i zimne, gdy będziesz gotowy, aby się nimi delektować!

46. Lody z orzechów laskowych

SKŁADNIKI:
- 2 szklanki pełnego mleka
- ¼ szklanki żółtek
- ½ szklanki białego granulowanego cukru
- ¼ łyżeczki ekstraktu waniliowego
- 6 łyżek pasty z orzechów laskowych
- 1 szklanka gęstej śmietanki
- ⅛ łyżeczki soli

INSTRUKCJE:
a) Połącz pełne mleko i ciężką śmietankę w małym rondlu i zagotuj na średnim ogniu. Wyłącz ogień zaraz po zagotowaniu i zdejmij patelnię z gorącej płyty kuchennej.
b) Dodać ekstrakt waniliowy i pastę z orzechów laskowych i wymieszać do rozpuszczenia pasty.
c) Czekając, aż śmietanka i mleko się zagotują, ubijaj żółtka z cukrem, aż staną się blade i pieniste. Do wykonania tego kroku możesz użyć miksera elektrycznego, ponieważ będziesz musiał chwilę ubijać!
d) Ubijając żółtka, powoli wlewaj do żółtek gorącą mieszankę mleczną, cały czas ubijając i dolewając tak, aby przypadkowo nie ugotować jajek ciepłem mleka.
e) Dodaj mieszaninę mleka i jajek z powrotem do rondla i wróć do kuchenki, gotuj na małym ogniu, aż mieszanka będzie wystarczająco gęsta, aby pokryć grzbiet łyżki, ale pamiętaj także o ciągłym mieszaniu mieszaniny. Nie dopuść do wrzenia mleka, a jeśli zauważysz, że w masie zaczynają tworzyć się grudki, zdejmij ją z ognia i przetrzyj przez sitko.
f) Mieszankę lodów należy schłodzić w lodówce pod całkowitym przykryciem na co najmniej 4 godziny lub, jeśli to możliwe, na całą noc.
g) Po schłodzeniu mieszanki lodów wlej ją do maszyny do lodów i zamroź lody zgodnie z instrukcjami maszyny. Po przygotowaniu w maszynie lody będą miały konsystencję miękkich lodów. Na tym etapie przełóż go do pojemnika przeznaczonego do zamrażania i włóż do zamrażarki na co najmniej dwie godziny. Podawaj smaczne i zimne, gdy będziesz gotowy, aby się nimi delektować!

47.Lody z Nutellą

SKŁADNIKI:
- 2 szklanki pełnego mleka
- ¼ szklanki żółtek
- ¼ szklanki białego granulowanego cukru
- ¼ łyżeczki ekstraktu waniliowego
- ½ szklanki Nutelli
- 1 szklanka gęstej śmietanki
- ⅛ łyżeczki soli

INSTRUKCJE:

a) Połącz pełne mleko i ciężką śmietankę w małym rondlu i zagotuj na średnim ogniu. Wyłącz ogień zaraz po zagotowaniu i zdejmij patelnię z gorącej płyty kuchennej.

b) Dodać ekstrakt waniliowy i Nutellę i wymieszać do rozpuszczenia pasty.

c) Czekając, aż śmietanka i mleko się zagotują, ubijaj żółtka z cukrem, aż staną się blade i pieniste. Do wykonania tego kroku możesz użyć miksera elektrycznego, ponieważ będziesz musiał chwilę ubijać!

d) Ubijając żółtka, powoli wlewaj do żółtek gorącą mieszankę mleczną, cały czas ubijając i dolewając, aby przypadkowo nie ugotować jajek ciepłem mleka.

e) Dodaj mieszaninę mleka i jajek z powrotem do rondla i wróć do kuchenki, gotuj na małym ogniu, aż mieszanka będzie wystarczająco gęsta, aby pokryć grzbiet łyżki, ale pamiętaj o ciągłym mieszaniu. Nie dopuść do wrzenia mleka, a jeśli zauważysz, że w masie zaczynają tworzyć się grudki, zdejmij ją z ognia i przetrzyj przez sitko.

f) Mieszankę lodów należy schłodzić w lodówce pod całkowitym przykryciem na co najmniej 4 godziny lub, jeśli to możliwe, na całą noc.

g) Po schłodzeniu mieszanki lodów wlej ją do maszyny do lodów i zamroź lody zgodnie z instrukcjami maszyny. Po przygotowaniu w maszynie lody będą miały konsystencję miękkich lodów. Na tym etapie przełóż go do pojemnika przeznaczonego do zamrażania i włóż do zamrażarki na co najmniej dwie godziny. Podawaj smaczne i zimne, gdy będziesz gotowy, aby się nimi delektować!

48.Lody Truskawkowe

SKŁADNIKI:

- 2 szklanki pełnego mleka
- ¼ szklanki żółtek
- ½ szklanki białego granulowanego cukru
- ¼ łyżeczki ekstraktu waniliowego
- 1 szklanka posiekanych truskawek
- 1 szklanka gęstej śmietanki
- ⅛ łyżeczki soli

INSTRUKCJE:

a) Połącz pełne mleko i ciężką śmietankę w małym rondlu i zagotuj na średnim ogniu. Wyłącz ogień zaraz po zagotowaniu i zdejmij patelnię z gorącej płyty kuchennej.

b) Dodać ekstrakt waniliowy i pokrojone truskawki, wymieszać.

c) Czekając, aż śmietanka i mleko się zagotują, ubijaj żółtka z cukrem, aż staną się blade i pieniste. Do wykonania tego kroku możesz użyć miksera elektrycznego, ponieważ będziesz musiał chwilę ubijać!

d) Ubijając żółtka, powoli wlewaj do żółtek gorącą mieszankę mleczną, cały czas ubijając i dolewając tak, aby przypadkowo nie ugotować jajek ciepłem mleka.

e) Dodaj mieszaninę mleka i jajek z powrotem do rondla i wróć do kuchenki, gotuj na małym ogniu, aż mieszanka będzie wystarczająco gęsta, aby pokryć grzbiet łyżki, ale pamiętaj o ciągłym mieszaniu. Nie dopuść do wrzenia mleka, a jeśli zauważysz, że w masie zaczynają tworzyć się grudki, zdejmij ją z ognia i przetrzyj przez sitko.

f) Mieszankę lodów należy schłodzić w lodówce pod całkowitym przykryciem na co najmniej 4 godziny lub, jeśli to możliwe, na całą noc.

g) Po schłodzeniu mieszanki lodów wlej ją do maszyny do lodów i zamroź lody zgodnie z instrukcjami maszyny. Po przygotowaniu w maszynie lody będą miały konsystencję miękkich lodów. Na tym etapie przełóż go do pojemnika przeznaczonego do zamrażania i włóż do zamrażarki na co najmniej dwie godziny. Podawaj smaczne i zimne, gdy będziesz gotowy, aby się nimi delektować!

49. Lody z kawałkami czekolady

SKŁADNIKI:

- 2 szklanki pełnego mleka
- ¼ szklanki żółtek
- ½ szklanki białego granulowanego cukru
- ¼ łyżeczki ekstraktu waniliowego
- 1 szklanka gęstej śmietanki
- ⅛ łyżeczki soli
- 1 szklanka mini kawałków czekolady

INSTRUKCJE:

a) Połącz pełne mleko i ciężką śmietankę w małym rondlu i zagotuj na średnim ogniu. Wyłącz ogień zaraz po zagotowaniu i zdejmij patelnię z gorącej płyty kuchennej.
b) Dodaj ekstrakt waniliowy.
c) Czekając, aż śmietanka i mleko się zagotują, ubijaj żółtka z cukrem, aż staną się blade i pieniste. Do wykonania tego kroku możesz użyć miksera elektrycznego, ponieważ będziesz musiał chwilę ubijać!
d) Ubijając żółtka, powoli wlewaj do żółtek gorącą mieszankę mleczną, cały czas ubijając i dolewając, aby przypadkowo nie ugotować jajek ciepłem mleka.
e) Dodaj mieszaninę mleka i jajek z powrotem do rondla i wróć do kuchenki, gotuj na małym ogniu, aż mieszanka będzie wystarczająco gęsta, aby pokryć grzbiet łyżki, i pamiętaj, aby ciągle mieszać. Nie dopuść do wrzenia mleka, a jeśli zauważysz, że w masie zaczynają tworzyć się grudki, zdejmij ją z ognia i przetrzyj przez sitko.
f) Mieszankę lodów należy schłodzić w lodówce pod całkowitym przykryciem na co najmniej 4 godziny lub, jeśli to możliwe, na całą noc.
g) Po schłodzeniu mieszanki lodów wlej ją do maszyny do lodów i zamroź lody zgodnie z instrukcjami maszyny. Po przygotowaniu w maszynie lody będą miały konsystencję miękkich lodów.
h) Dodać mini kawałki czekolady, krótko mieszając, żeby lody się nie roztopiły.
i) Na tym etapie przełóż go do pojemnika przeznaczonego do zamrażania i włóż do zamrażarki na co najmniej dwie godziny. Podawaj smaczne i zimne, gdy będziesz gotowy, aby się nimi delektować!

50. Lody Cannoli

SKŁADNIKI:
- 2 szklanki pełnego mleka
- ¼ szklanki żółtek
- ½ szklanki białego granulowanego cukru
- ¼ łyżeczki ekstraktu waniliowego
- ½ szklanki gęstej śmietanki
- ½ szklanki ricotty
- ⅛ łyżeczki soli
- ½ szklanki pokruszonych skorupek cannoli
- ½ szklanki mini chipsów czekoladowych

INSTRUKCJE:
a) Połącz pełne mleko i ciężką śmietankę w małym rondlu i zagotuj na średnim ogniu. Wyłącz ogień zaraz po zagotowaniu i zdejmij patelnię z gorącej płyty kuchennej.
b) Dodaj ekstrakt waniliowy.
c) Czekając, aż śmietanka i mleko się zagotują, ubijaj żółtka z cukrem, aż staną się blade i pieniste. Do wykonania tego kroku możesz użyć miksera elektrycznego, ponieważ będziesz musiał chwilę ubijać!
d) Ubijając żółtka, powoli wlewaj do żółtek gorącą mieszankę mleczną, cały czas ubijając i dolewając, aby przypadkowo nie ugotować jajek ciepłem mleka.
e) Dodaj mleko i mieszankę jajeczną z powrotem do rondla i wróć do kuchenki, gotuj na małym ogniu, aż mieszanka będzie wystarczająco gęsta, aby pokryć grzbiet łyżki, i pamiętaj, aby ciągle mieszać. Nie dopuść do wrzenia mleka, a jeśli zauważysz, że w masie zaczynają tworzyć się grudki, zdejmij ją z ognia i przetrzyj przez sitko.
f) Mieszaj, aż ricotta dobrze się połączy.
g) Mieszankę lodów należy schłodzić w lodówce pod całkowitym przykryciem na co najmniej 4 godziny lub, jeśli to możliwe, na całą noc.
h) Po schłodzeniu mieszanki lodów wlej ją do maszyny do lodów i zamroź lody zgodnie z instrukcjami maszyny. Po przygotowaniu w maszynie lody będą miały konsystencję miękkich lodów.
i) Dodaj pokruszone skorupki cannoli i mini kawałki czekolady, włóż je do pojemnika przeznaczonego do zamrażania i włóż do zamrażarki na co najmniej dwie godziny. Podawaj smaczne i zimne, gdy będziesz gotowy, aby się nimi delektować!

51. Lody Wiśniowe

SKŁADNIKI:
- 2 szklanki pełnego mleka
- ¼ szklanki żółtek
- ½ szklanki białego granulowanego cukru
- ¼ łyżeczki ekstraktu waniliowego
- 1 szklanka gęstej śmietanki
- ⅛ łyżeczki soli
- 1 szklanka posiekanych wiśni

INSTRUKCJE:
a) Połącz pełne mleko i ciężką śmietankę w małym rondlu i zagotuj na średnim ogniu. Wyłącz ogień zaraz po zagotowaniu i zdejmij patelnię z gorącej płyty kuchennej.
b) Dodaj ekstrakt waniliowy.
c) Czekając, aż śmietanka i mleko się zagotują, ubijaj żółtka z cukrem, aż staną się blade i pieniste. Do wykonania tego kroku możesz użyć miksera elektrycznego, ponieważ będziesz musiał chwilę ubijać!
d) Ubijając żółtka, powoli wlewaj do żółtek gorącą mieszankę mleczną, cały czas ubijając i dolewając tak, aby przypadkowo nie ugotować jajek ciepłem mleka.
e) Dodaj mleko i mieszankę jajeczną z powrotem do rondla i wróć do kuchenki, gotuj na małym ogniu, aż mieszanka będzie wystarczająco gęsta, aby pokryć grzbiet łyżki, i pamiętaj, aby ciągle mieszać. Nie dopuść do wrzenia mleka, a jeśli zauważysz, że w masie zaczynają tworzyć się grudki, zdejmij ją z ognia i przetrzyj przez sitko.
f) Mieszankę lodów należy schłodzić w lodówce pod całkowitym przykryciem na co najmniej 4 godziny lub, jeśli to możliwe, na całą noc.
g) Po schłodzeniu mieszanki lodów wlej ją do maszyny do lodów i zamroź lody zgodnie z instrukcjami maszyny. Po przygotowaniu w maszynie lody będą miały konsystencję miękkich lodów.
h) Dodać na chwilę wiśnie, tylko je wymieszać, ale uważać, aby lody się nie roztopiły.
i) Przełóż do pojemnika przeznaczonego do zamrażania i włóż do zamrażarki na co najmniej dwie godziny. Podawaj smaczne i zimne, gdy będziesz gotowy, aby się nimi delektować!

52.Pikantne lody czekoladowe

SKŁADNIKI:

- 2 szklanki pełnego mleka
- 1 papryczka chili przekrojona na pół i pozbawiona nasion
- ¼ szklanki żółtek
- ¾ szklanki białego granulowanego cukru
- ¼ łyżeczki ekstraktu waniliowego
- 1 szklanka gęstej śmietanki
- 1 szklanka kawałków ciemnej czekolady
- ⅛ łyżeczki soli

INSTRUKCJE:

a) Połącz pełne mleko, całą papryczkę chili i gęstą śmietanę w małym rondlu i zagotuj na średnim ogniu. Wyłącz ogień zaraz po zagotowaniu i zdejmij patelnię z gorącej płyty kuchennej. Pozostaw mieszankę na 30 minut, następnie usuń papryczkę chili i wyrzuć.

b) Dodać ekstrakt waniliowy i wymieszać.

c) Czekając, aż śmietanka i mleko się zagotują, ubijaj żółtka z cukrem, aż staną się blade i pieniste. Do wykonania tego kroku możesz użyć miksera elektrycznego, ponieważ będziesz musiał chwilę ubijać!

d) Ubijając żółtka, powoli wlewaj do żółtek gorącą mieszankę mleczną, cały czas ubijając i dolewając, aby przypadkowo nie ugotować jajek ciepłem mleka.

e) Dodaj mieszaninę mleka i jajek z powrotem do rondla i wróć na kuchenkę, gotuj na małym ogniu, ciągle mieszając, aż mieszanka będzie wystarczająco gęsta, aby pokryć grzbiet łyżki.

f) Gorącą mieszanką zalej kawałki czekolady i mieszaj, aż czekolada się rozpuści i połączy z bazą lodów.

g) Mieszankę lodów należy schłodzić w lodówce pod całkowitym przykryciem na co najmniej 4 godziny lub, jeśli to możliwe, na całą noc.

h) Po schłodzeniu mieszanki lodów wlej ją do maszyny do lodów i zamroź lody zgodnie z instrukcjami maszyny. Po przygotowaniu w maszynie lody będą miały konsystencję miękkich lodów. Na tym etapie przełóż go do pojemnika przeznaczonego do zamrażania i włóż do zamrażarki na co najmniej dwie godziny. Podawaj smaczne i zimne, gdy będziesz gotowy, aby się nimi delektować!

NIEDZIELE

53.Chwała Knickerbockera

SKŁADNIKI:

- świeże truskawki i wiśnie
- 2 gałki lodów waniliowych
- 6 do 8 łyżek galaretki owocowej
- truskawkowy lub malinowy
- 2 gałki lodów truskawkowych
- 1/2 szklanki ciężkiej śmietany, ubitej
- prażone, pokrojone migdały

INSTRUKCJE:

a) Ułóż trochę świeżych owoców na dnie dwóch schłodzonych szklanek do lodów. Dodaj gałkę lodów waniliowych, następnie galaretkę owocową i trochę sosu owocowego.

b) Następnie dodaj lody truskawkowe, a następnie więcej sosu owocowego. Teraz na wierzch połóż bitą śmietanę, świeże owoce i orzechy, a następnie dodaj więcej sosu i kilka orzechów.

c) Włóż ponownie do zamrażarki na nie więcej niż 30 minut lub zjedz od razu. Nie są przeznaczone do przechowywania, więc przygotuj je według potrzeb.

d) Warto zadbać o dobór odpowiednich **składników** gotowe przed rozpoczęciem, a także dobrze schłodzone szklanki.

54. Brzoskwiniowa Melba

SKŁADNIKI:

- 4 duże dojrzałe brzoskwinie, obrane
- drobno starta skórka i sok z 1 cytryny
- 3 Łyżki stołowe Cukier cukierniczy
- 8 gałek lodów waniliowych

DO SOSU MELBA

- 1 1/2 szklanki dojrzałych malin
- 2 łyżki galaretki z czerwonej porzeczki
- 2 łyżki drobnego cukru

INSTRUKCJE:

a) Brzoskwinie przekrój na pół i usuń pestki. Ułóż ciasno połówki brzoskwiń w naczyniu żaroodpornym i posmaruj je sokiem z cytryny. Posypać obficie cukrem cukierniczym. Umieść naczynie pod nagrzanym grillem na 5 do 7 minut lub do momentu, aż będzie złociste i zacznie bulgotać. Ostudzić.

b) Aby przygotować sos, maliny podgrzać z galaretką i cukrem, a następnie przetrzeć je przez sito. Ostudzić.

c) Ułóż brzoskwinie na talerzu z 1 lub 2 gałkami lodów. Skropić sosem melba i wykończyć kawałkami skórki cytrynowej.

55. Lody czekoladowo-orzechowe

SKŁADNIKI:

- 1 gałka lodów o bogatej czekoladzie
- 1 gałka lodów maślano-orzechowych
- 2 łyżki stołowe sos czekoladowy
- 2 łyżki prażonych mieszanych orzechów
- płatki czekoladowe, loki lub posypki

INSTRUKCJE:

a) Ułóż dwie gałki lodów w schłodzonym talerzu z lodami.
b) Skropić sosem czekoladowym, a następnie posypać orzechami i czekoladą.

SORBET

56.Mieszany sorbet jagodowy

SKŁADNIKI:

- 3 szklanki mieszanych jagód
- 1 szklanka cukru
- 2 szklanki wody
- Sok z 1 limonki
- ½ łyżeczki soli koszernej

INSTRUKCJE:

a) W misce wymieszaj wszystkie jagody i cukier. Pozostaw jagody do maceracji w temperaturze pokojowej na 1 godzinę, aż puszczą sok.

b) Przełóż jagody i ich sok do blendera lub robota kuchennego, dodaj wodę, sok z limonki i sól. Pulsuj, aż dobrze się połączą. Przenieść do pojemnika, przykryć i przechowywać w lodówce do momentu wystygnięcia, co najmniej 2 godzin lub do nocy.

c) Zamrażaj i ubijaj w maszynie do lodów zgodnie ze wskazówkami producenta. Aby uzyskać miękką konsystencję, podawaj sorbet od razu; aby uzyskać bardziej sztywną konsystencję, przełóż go do pojemnika, przykryj i pozostaw do stwardnienia w zamrażarce na 2–3 godziny.

57.Sorbet Truskawkowo-Rumiankowy

SKŁADNIKI:
- ¾ szklanki wody
- ½ szklanki miodu
- 2 łyżki pączków herbaty rumiankowej
- 15 dużych truskawek, zamrożonych
- ½ łyżeczki mielonego kardamonu
- 2 łyżeczki świeżych liści mięty

INSTRUKCJE:
a) Zagotuj wodę, dodaj miód, kardamon i rumianek.
b) Zdjąć z ognia po 5 minutach i schłodzić, aż będzie bardzo zimne.
c) Zamrożone truskawki włóż do robota kuchennego i drobno posiekaj.
d) Dodać schłodzony syrop i zmiksować na bardzo gładką masę.
e) Wylej łyżką i przechowuj w pojemniku w zamrażarce. Podawać z listkami mięty.

58.Sorbet truskawkowy, ananasowy i pomarańczowy

SKŁADNIKI:
- 1 ¼ funta truskawek, łuskanych i poćwiartowanych
- 1 szklanka cukru
- 1 szklanka pokrojonego w kostkę ananasa
- ½ szklanki świeżo wyciśniętego soku pomarańczowego
- Sok z 1 małej limonki
- ½ łyżeczki soli koszernej

INSTRUKCJE:
a) W misce wymieszaj truskawki z cukrem.
b) Pozostaw jagody do maceracji w temperaturze pokojowej, aż puszczą sok, około 30 minut.
c) W blenderze lub robocie kuchennym połącz truskawki i ich sok z ananasem, sokiem pomarańczowym, sokiem z limonki i solą. Puree aż będzie gładkie.
d) Mieszankę przelać do miski (jeśli wolisz idealnie gładki sorbet, przelej mieszaninę przez sitko o drobnych oczkach ustawione nad miską), przykryj i przechowuj w lodówce do ostygnięcia, co najmniej 2 godzin lub maksymalnie na całą noc.
e) Zamrażaj i ubijaj w maszynie do lodów zgodnie ze wskazówkami producenta.
f) Aby uzyskać miękką konsystencję, podawaj sorbet od razu; aby uzyskać bardziej sztywną konsystencję, przełóż go do pojemnika, przykryj i pozostaw do stwardnienia w zamrażarce na 2–3 godziny.

59.Sorbet bananowo-truskawkowy

SKŁADNIKI:

- 2 dojrzałe banany
- 2 łyżki soku z cytryny
- 1 ½ szklanki mrożonych (niesłodzonych) truskawek.
- ½ szklanki soku jabłkowego

INSTRUKCJE:

a) Banany pokroić w ćwierćcalowe plasterki, skropić sokiem z cytryny, ułożyć na blasze do pieczenia i zamrozić.
b) Po zamrożeniu bananów zmiksuj je na puree z pozostałymi składnikami w wybranym urządzeniu.
c) Podawać natychmiast w schłodzonych filiżankach. Resztki nie zamrażają się dobrze, ale stanowią przyjemny aromat do domowego jogurtu.

60. Sorbet malinowy

SKŁADNIKI:
- 4 uncje granulowanego cukru
- 1 funt świeżych malin, rozmrożonych, jeśli zostały zamrożone
- 1 cytryna

INSTRUKCJE:
a) Do rondelka wsyp cukier i dodaj 150 ml wody. Delikatnie podgrzewaj, mieszając, aż cukier się rozpuści. Zwiększ ogień i gotuj szybko przez około 5 minut, aż mieszanina będzie przypominać syrop.
b) Zdjąć z ognia i pozostawić do ostygnięcia.
c) W międzyczasie włóż maliny do robota kuchennego lub blendera i zmiksuj na puree. Przepuścić mieszaninę przez niemetalowe sito, aby usunąć nasiona.
d) Wyciśnij sok z cytryny.
e) Syrop przelać do dużego dzbanka, wymieszać z puree malinowym i sokiem z cytryny.
f) Przykryj i przechowuj w lodówce przez około 30 minut lub do momentu, aż dobrze się schłodzi.
g) Wlać mieszaninę do maszyny do lodów i zamrozić zgodnie z instrukcją.

61.Sorbet Truskawkowy Tristar

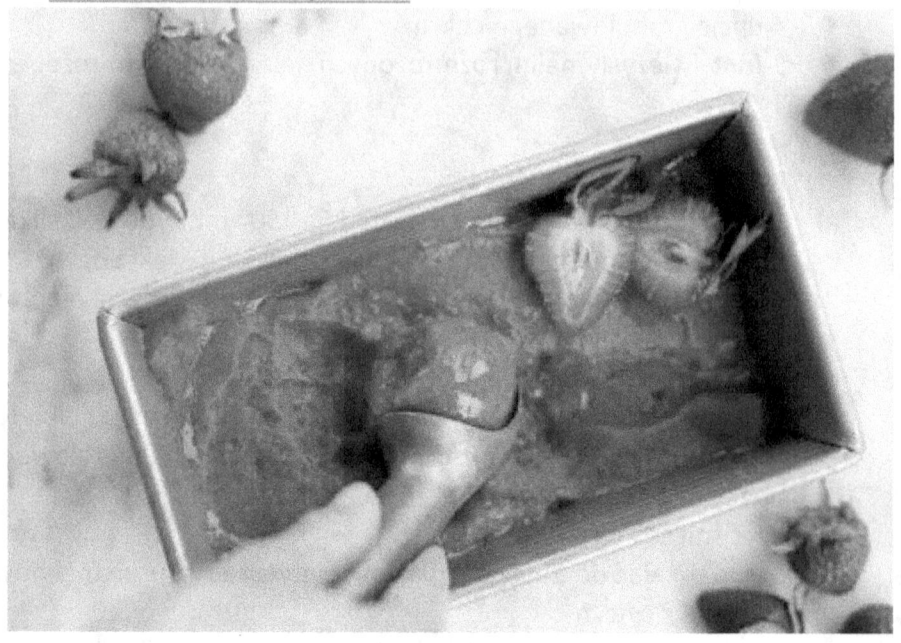

SKŁADNIKI:

- 2 litry truskawek Tristar, łuskanych
- 1 listek żelatyny
- 2 łyżki glukozy
- 2 łyżki cukru
- ⅛ łyżeczki soli koszernej
- ⅛ łyżeczki kwasku cytrynowego

INSTRUKCJE:

a) Zmiksuj truskawki w blenderze. Przecedź puree przez sito o drobnych oczkach do miski, aby odsączyć pestki.
b) Rozpuść żelatynę.
c) Podgrzej trochę puree truskawkowego i wymieszaj z żelatyną, aby się rozpuściła. Wymieszaj resztę puree truskawkowego, glukozę, cukier, sól i kwas cytrynowy, aż wszystko się całkowicie rozpuści i połączy.
d) Wlać mieszaninę do maszyny do lodów i zamrozić zgodnie ze wskazówkami producenta. Sorbet najlepiej odwirować tuż przed podaniem lub użyciem, ale w szczelnym pojemniku w zamrażarce można go przechowywać do 2 tygodni.

62.Sorbet z Jamajki

SKŁADNIKI:

- 2 ½ szklanki suszonych liści Jamajki
- 1 kwarta wody
- ½ uncji świeżego imbiru, drobno posiekanego 1 szklanka cukru
- 1 łyżka świeżo wyciśniętego soku z limonki
- 2 łyżki limoncello

INSTRUKCJE:

a) Zrób herbatę. Włóż liście Jamajki do garnka lub miski, zagotuj wodę i zalej nią liście. Przykryj i zaparzaj przez 15 minut. Odcedź herbatę i wyrzuć liście Jamajki.

b) Przygotuj bazę sorbetową. Włóż imbir do blendera, dodaj 1 filiżankę herbaty i miksuj aż do całkowitego puree, 1–2 minuty. Dodaj kolejne 1-½ filiżanki herbaty i ponownie wymieszaj.

c) Bazę sorbetową wlać do garnka, dodać cukier i doprowadzić do wrzenia, mieszając do rozpuszczenia cukru. Gdy tylko baza sorbetowa się zagotuje, zdejmij garnek z ognia. Wmieszać sok z limonki i ostudzić. Przechowuj podstawę w lodówce, aż osiągnie temperaturę 60°F.

d) Zamrozić sorbet. Do schłodzonego bazy dodać limoncello i wlać do maszynki do lodów. Zamrażaj zgodnie ze wskazówkami producenta, aż zamarznie, ale nadal będzie puszysty, 20–30 minut.

63. Sorbet z marakui

SKŁADNIKI:

- 1 łyżeczka sproszkowanej żelatyny
- 2 cytryny
- 9 uncji granulowanego cukru
- 8 owoców męczennicy

INSTRUKCJE:

a) Do małej miski lub filiżanki odlej 2 łyżki wody, posyp żelatyną i odstaw na 5 minut. Wyciśnij sok z cytryn.
b) Do rondelka wsyp cukier i dodaj 300 ml/½ litra wody. Delikatnie podgrzewaj, mieszając, aż cukier się rozpuści. Zwiększ ogień i gotuj szybko przez około 5 minut, aż mieszanina będzie przypominać syrop.
c) Zdjąć z ognia, dodać sok z cytryny i wymieszać z żelatyną, aż się rozpuści.
d) Marakuję przekrój na pół i małą łyżką wyjmij nasiona i miąższ do syropu. Pozostaw do ostygnięcia.
e) Przykryj i przechowuj w lodówce przez co najmniej 30 minut lub do momentu, aż dobrze się schłodzi.
f) Przepuścić schłodzony syrop przez niemetalowe sitko, aby usunąć nasiona.
g) Wlać mieszaninę do maszyny do lodów i zamrozić zgodnie z instrukcją.
h) Przenieść do odpowiedniego pojemnika i zamrażać do momentu użycia.

64.Sorbet z kiwi

SKŁADNIKI:

- 8 owoców kiwi
- 1⅓ szklanki prostego syropu
- 4 łyżeczki świeżego soku z cytryny

INSTRUKCJE:

a) Obierz kiwi. Puree w robocie kuchennym. Powinno wyjść około 2 szklanek puree.
b) Wymieszaj syrop cukrowy i sok z cytryny.
c) Wlać mieszaninę do miski maszyny do lodów i zamrozić. Należy postępować zgodnie z instrukcją obsługi producenta.

65. Sorbet pigwowy

SKŁADNIKI:

- 1 ½ funta dojrzałych pigw (około 4 małych i średnich)
- 6 szklanek wody
- 1 (3-calowy) kawałek meksykańskiego cynamonu
- ¾ szklanki cukru
- Sok z ½ cytryny
- Szczypta soli koszernej

INSTRUKCJE:

a) Obierz, pokrój i wydrąż pigwy.
b) Kawałki włóż do rondla, dodaj wodę, cynamon i cukier.
c) Gotuj bez przykrycia na średnim ogniu, od czasu do czasu mieszając, aż pigwa będzie bardzo miękka, około 30 minut, upewniając się, że mieszanina cały czas się gotuje i nigdy nie wrze.
d) Zdejmij z ognia, przykryj i pozostaw do ostygnięcia na 2 do 3 godzin; kolor w tym czasie przyciemni się.
e) Wyjmij i wyrzuć cynamon. Przełóż mieszaninę pigwy do blendera, dodaj sok z cytryny i sól i zmiksuj na gładkie puree.
f) Przelać mieszaninę przez sitko o drobnych oczkach ustawione nad miską. Przykryj i przechowuj w lodówce do momentu wystygnięcia, co najmniej 2 godzin lub do nocy.
g) Zamrażaj i ubijaj w maszynie do lodów zgodnie ze wskazówkami producenta.
h) Aby uzyskać miękką konsystencję, podawaj sorbet od razu; aby uzyskać bardziej sztywną konsystencję, przełóż go do pojemnika, przykryj i pozostaw do stwardnienia w zamrażarce na 2–3 godziny

66.Sorbet z gujawy

SKŁADNIKI:

- 1 listek żelatyny
- 325 g nektaru z gujawy [1¼ szklanki]
- 100 g glukozy [¼ szklanki]
- 0,25 g soku z limonki [⅛ łyżeczki]
- 1 g soli koszernej [¼ łyżeczki]

INSTRUKCJE:

a) Rozpuść żelatynę.
b) Podgrzej odrobinę nektaru z gujawy i wymieszaj z żelatyną, aby się rozpuściła. Wymieszaj pozostały nektar z gujawy, glukozę, sok z limonki i sól, aż wszystko się całkowicie rozpuści i połączy.
c) Wlać mieszaninę do maszyny do lodów i zamrozić zgodnie ze wskazówkami producenta. Sorbet najlepiej odwirować tuż przed podaniem lub użyciem, ale w szczelnym pojemniku w zamrażarce można go przechowywać do 2 tygodni.

67.Sorbet imbirowo-granatowy

SKŁADNIKI:

- 1 szklanka granulowanego cukru
- ½ szklanki wody
- 1 łyżka grubo posiekanego świeżego imbiru
- 2 szklanki 100% soku z granatów
- Opcjonalnie ¼ szklanki likieru St. Germain

GARNIRUNEK:

- opcjonalnie osłonki świeżego granatu

INSTRUKCJE:

a) Połącz cukier, wodę i imbir w małym rondlu. Doprowadzić do wrzenia, zmniejszyć ogień i gotować na wolnym ogniu, od czasu do czasu mieszając, aż cukier całkowicie się rozpuści. Przełożyć do pojemnika, przykryć i pozostawić do całkowitego schłodzenia w lodówce. Zajmie to co najmniej 20–30 minut lub dłużej.

b) Gdy syrop ostygnie, przecedź go przez sito o drobnych oczkach ustawione nad dużą miską. Wyrzuć kawałki imbiru. Do miski z syropem dodaj sok z granatów i likier St. Germain. Dobrze wymieszaj.

c) Ubij mieszaninę w maszynie do lodów zgodnie z instrukcjami producenta. Sorbet jest gotowy, gdy konsystencją przypomina gęsty slush.

d) Przełożyć sorbet do szczelnego pojemnika, przykryć powierzchnię folią i wstawić do zamrażarki na dodatkowe 4 do 6 godzin, a najlepiej na całą noc. Podawać i dekorować osłonkami świeżego granatu.

68.Sorbet żurawinowo-jabłkowy

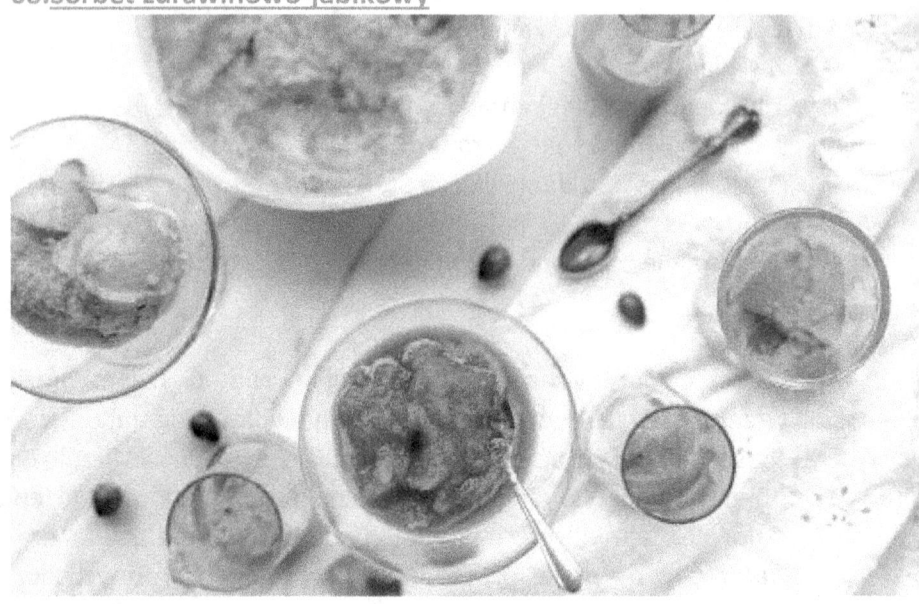

SKŁADNIKI:

- 2 jabłka Golden Delicious,
- Obrane,
- Wydrążone i grubo posiekane
- 2 szklanki soku żurawinowego

INSTRUKCJE:

e) W średniej wielkości rondlu połącz jabłka i sok. Podgrzać do wrzenia.
f) Zmniejsz ogień, aby zagotować, przykryj i gotuj przez 20 minut lub do momentu, aż jabłka będą bardzo miękkie.
g) Odkryć i odstawić do ostygnięcia do temperatury pokojowej.
h) W robocie kuchennym lub blenderze zmiksuj jabłko i sok na gładką masę.
i) Przelać do maszyny do lodów i przerobić na sorbet zgodnie z instrukcją producenta. (przejdź do 9.) LUB 6. Jeśli nie korzystasz z maszyny do lodów, wlej puree do kwadratowej formy o średnicy 9 cali. Przykryj i zamrażaj do częściowego zamrożenia – około 2 godzin.
j) W międzyczasie schłodź dużą miskę i ubijaki miksera elektrycznego.
k) Umieść puree w schłodzonej misce i ubijaj na małej prędkości, aż kawałki się rozpadną, a następnie ubijaj na dużej prędkości, aż będzie gładkie i puszyste – około 1 minuty.
l) Sorbet przełóż do pojemnika do zamrażania i zamroź na kilka godzin przed podaniem.

69. Sorbet arbuzowy

SKŁADNIKI:

- 1 ½ funta arbuza, zważonego bez nasion i skórki
- 1 ¼ szklanki granulowanego cukru
- 2 laski cynamonu
- 2 łyżki nasion kolendry, zmiażdżonych
- 3 łyżki soku z cytryny

INSTRUKCJE:

a) Zredukuj miąższ arbuza do puree.
b) W rondlu o grubym dnie rozpuść cukier w 2 szklankach wody. Dodać laski cynamonu i nasiona kolendry i gotować przez 5 minut. Przykryj i pozostaw do zaparzenia, aż ostygnie.
c) Odcedź syrop do puree z arbuza i wymieszaj z sokiem z cytryny. Wlać mieszaninę do pojemnika. Przykryj i zamroź, aż masa będzie twarda, ubijając 3 razy w odstępach 45-minutowych.
d) Na około 30 minut przed podaniem sorbet wkładamy do lodówki.

70.Sorbet z kaktusa z ananasem i limonką

SKŁADNIKI:

- ¾ funta wioseł do kaktusów (nopales), oczyszczonych
- 1 ½ szklanki grubej soli morskiej
- ¼ szklanki świeżo wyciśniętego soku z limonki
- 1½ szklanki pokrojonego w kostkę ananasa (około ½ ananasa)
- 1 szklanka cukru
- ¾ szklanki wody
- 2 łyżki miodu

INSTRUKCJE:

a) Pokrój oczyszczone łopatki kaktusa na kwadraty o wielkości około 1 cala. W misce wymieszaj kaktusa z solą.
b) Odstawić w temperaturze pokojowej na 1 godzinę; sól wydobędzie naturalny śluz z kaktusa.
c) Przenieś kaktusa na durszlak i opłucz pod zimną bieżącą wodą, aby usunąć całą sól i szlam. Dobrze odcedź.
d) W blenderze zmiksuj kaktusa, sok z limonki, ananasa, cukier, wodę i miód na gładką masę.
e) Wlać mieszaninę do miski, przykryć i przechowywać w lodówce do ostygnięcia, co najmniej 2 godziny lub do 5 godzin.
f) Zamrażaj i ubijaj w maszynie do lodów zgodnie ze wskazówkami producenta.
g) Aby uzyskać miękką konsystencję, podawaj sorbet od razu; aby uzyskać bardziej sztywną konsystencję, przełóż go do pojemnika, przykryj i pozostaw do stwardnienia w zamrażarce na 2–3 godziny.

71.Sorbet z awokado i marakuji

SKŁADNIKI:

- 2 szklanki świeżego lub rozmrożonego mrożonego puree z marakui
- ¾ szklanki plus 2 łyżki cukru
- 2 małe dojrzałe awokado
- ½ łyżeczki soli koszernej
- 1 łyżka świeżo wyciśniętego soku z limonki

INSTRUKCJE:

a) W małym rondlu wymieszaj puree z marakui i cukier.
b) Gotuj na średnim ogniu, mieszając, aż cukier się rozpuści.
c) Zdjąć z ognia i pozostawić do ostygnięcia do temperatury pokojowej.
d) Awokado przekrój wzdłuż na pół. Usuń pestki i zbierz miąższ do blendera lub robota kuchennego.
e) Dodaj schłodzoną mieszankę marakui i sól i zmiksuj na gładką masę, w razie potrzeby zeskrobując boki dzbanka lub miski blendera.
f) Dodaj sok z limonki i miksuj tylko do połączenia. Wlać mieszaninę do miski, przykryć i przechowywać w lodówce do ostygnięcia, około 2 godzin.
g) Zamrażaj i ubijaj w maszynie do lodów zgodnie ze wskazówkami producenta.
h) Aby uzyskać miękką konsystencję, podawaj sorbet od razu; dla twardszej konsystencji przełożyć do pojemnika, przykryć i pozostawić do stwardnienia w zamrażarce na 2-3 godziny.

72.Sorbet z sosu

SKŁADNIKI:

- 3 szklanki świeżego miąższu kwaśnicy (z 1 dużego lub 2 małych owoców)
- 1 szklanka cukru
- ⅔ szklanki wody
- 1 łyżka świeżo wyciśniętego soku z limonki
- Szczypta soli koszernej

INSTRUKCJE:

a) Za pomocą dużego noża przekrój kwaśną bułkę wzdłuż na pół. Za pomocą łyżki wydrąż miąższ i nasiona do miarki; potrzebujesz w sumie 3 filiżanek. Wyrzuć skórę.

b) W misce wymieszaj kwaśną śmietanę z cukrem i wymieszaj drewnianą łyżką, rozbijając owoce tak bardzo, jak to możliwe. Wymieszaj wodę, sok z limonki i sól.

c) Przykryj i przechowuj w lodówce do momentu wystygnięcia, co najmniej 2 godzin lub do nocy.

d) Zamrażaj i ubijaj w maszynie do lodów zgodnie ze wskazówkami producenta.

73. Na pyszny sorbet ananasowy

SKŁADNIKI:

- 1 mały dojrzały ananas hawajski
- 1 szklanka prostego syropu
- 2 łyżki świeżego soku z cytryny

INSTRUKCJE:

a) Obierz, wydrąż i pokrój ananasa w kostkę.
b) Umieść kostki w robocie kuchennym i miksuj, aż będą bardzo gładkie i pieniste.
c) Wymieszaj syrop cukrowy i sok z cytryny.
d) Spróbuj i w razie potrzeby dodaj więcej syropu lub soku.
e) Wlać mieszaninę do miski maszyny do lodów i zamrozić.
f) Należy postępować zgodnie z instrukcją obsługi producenta.

74. Sorbet z białej brzoskwini

SKŁADNIKI:

- 5 dojrzałych białych brzoskwiń
- 1 listek żelatyny
- ¼ szklanki glukozy
- ½ łyżeczki soli koszernej
- ⅛ łyżeczki kwasku cytrynowego

INSTRUKCJE:

a) Przekrój brzoskwinie na pół i wypestkuj je. Włóż je do blendera i zmiksuj na gładkie i jednorodne puree, od 1 do 3 minut.
b) Przełóż puree przez sito o drobnych oczkach do średniej miski.
c) Za pomocą chochli lub łyżki wyciśnij pozostałości puree, aby wydobyć jak najwięcej soku; powinieneś wyrzucić tylko kilka łyżek stałych produktów.
d) Rozpuść żelatynę.
e) Podgrzej trochę puree brzoskwiniowego i wymieszaj z żelatyną, aby się rozpuściła. Wymieszaj pozostałe puree brzoskwiniowe, glukozę, sól i kwas cytrynowy, aż wszystko się całkowicie rozpuści i połączy.
f) Wlać mieszaninę do maszyny do lodów i zamrozić zgodnie ze wskazówkami producenta.
g) Sorbet najlepiej odwirować tuż przed podaniem lub użyciem, ale w szczelnym pojemniku w zamrażarce można go przechowywać do 2 tygodni.

75.Sorbet gruszkowy

SKŁADNIKI:

- 1 listek żelatyny
- 2⅓ szklanki puree z gruszek
- 2 łyżki glukozy
- 1 łyżka syropu z kwiatu czarnego bzu
- ⅛ łyżeczki soli koszernej
- ⅛ łyżeczki kwasku cytrynowego

INSTRUKCJE:

a) Rozpuść żelatynę.
b) Podgrzej trochę puree gruszkowego i wymieszaj z żelatyną, aby się rozpuściła. Wymieszaj pozostały puree z gruszek, glukozę, syrop z kwiatu czarnego bzu, sól i kwas cytrynowy, aż wszystko się całkowicie rozpuści i połączy.
c) Wlać mieszaninę do maszyny do lodów i zamrozić zgodnie ze wskazówkami producenta. Sorbet najlepiej odwirować tuż przed podaniem lub użyciem, ale w szczelnym pojemniku w zamrażarce można go przechowywać do 2 tygodni.

76. Sorbet winogronowy Concord

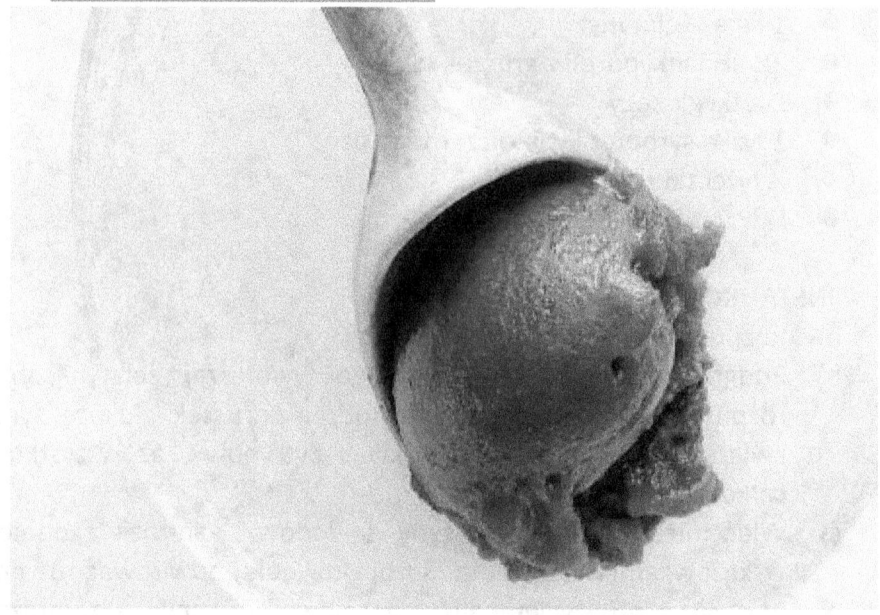

SKŁADNIKI:

- 1 listek żelatyny
- ½ porcji soku winogronowego Concord
- 200 g glukozy [½ szklanki]
- 2 g kwasku cytrynowego [½ łyżeczki]
- 1 g soli koszernej [¼ łyżeczki]

INSTRUKCJE:

a) Rozpuść żelatynę.
b) Podgrzej trochę soku winogronowego i wymieszaj z żelatyną, aby się rozpuściła. Wymieszaj pozostały sok winogronowy, glukozę, kwas cytrynowy i sól, aż wszystko się całkowicie rozpuści i połączy.
c) Wlać mieszaninę do maszyny do lodów i zamrozić zgodnie ze wskazówkami producenta. Sorbet najlepiej odwirować tuż przed podaniem lub użyciem, ale w szczelnym pojemniku w zamrażarce można go przechowywać do 2 tygodni.

77. Sorbet z diabelskiego mango

SKŁADNIKI:

- ⅓ szklanki wody
- 1 szklanka cukru
- 2 chili piquín
- 5¾ szklanki funtów dojrzałych mango, obranych, wypestkowanych i pokrojonych w kostkę
- Sok z 1 limonki
- ¾ łyżeczki soli koszernej
- 1 łyżeczka mielonego chili piquín lub pieprzu cayenne

INSTRUKCJE:

a) W małym rondlu wymieszaj wodę i cukier. Doprowadzić do wrzenia na średnim ogniu, mieszając, aby rozpuścić cukier. Zdejmij z ognia, dodaj całe chilli i odstaw do ostygnięcia na 1 godzinę.

b) Wyjmij i wyrzuć chili z syropu cukrowego. W blenderze połącz syrop cukrowy i pokrojone w kostkę mango i zmiksuj na gładkie puree. Dodaj sok z limonki, sól i zmielone chili i wymieszaj, aby połączyć.

c) Skosztuj puree i, jeśli chcesz, dodaj jeszcze mielone chili, pamiętając, że po zamrożeniu sorbet będzie miał nieco mniej ostry smak.

d) Przelać mieszaninę przez sitko o drobnych oczkach ustawione nad miską. Przykryj i przechowuj w lodówce do momentu wystygnięcia, co najmniej 4 godzin lub do nocy.

e) Zamrażaj i ubijaj w maszynie do lodów zgodnie ze wskazówkami producenta.

f) Aby uzyskać miękką konsystencję, podawaj sorbet od razu; aby uzyskać bardziej sztywną konsystencję, przełóż go do pojemnika, przykryj i pozostaw do stwardnienia w zamrażarce na 2–3 godziny.

MROŻONY JOGURT

78. Świeży imbirowy mrożony jogurt

SKŁADNIKI:
BAZA MROŻONEGO JOGURTU
- 1 litr zwykłego jogurtu o niskiej zawartości tłuszczu
- 1 ½ szklanki pełnego mleka
- 2 łyżki skrobi kukurydzianej
- 2 uncje (4 łyżki) serka śmietankowego, zmiękczonego
- ½ łyżeczki proszku z buraków (dla koloru; patrz Źródła ; opcjonalnie)
- ⅛ łyżeczki kurkumy (dla koloru; opcjonalnie)
- ½ szklanki gęstej śmietanki
- ⅔ szklanki cukru
- ¼ szklanki jasnego syropu kukurydzianego

SYROP IMBIROWY
- ½ szklanki świeżego soku z cytryny (z 2 do 3 cytryn)
- 3 łyżki cukru
- 2 uncje świeżego imbiru (kawałek o długości około 4 cali), obranego i pokrojonego na ⅛-calowe monety
- ½ łyżeczki sproszkowanego imbiru

INSTRUKCJE:
NA PRZECIĘTY JOGURT
a) Sito ustawiamy nad miską i wykładamy je dwiema warstwami gazy. Jogurt przelać na sito, przykryć folią i wstawić do lodówki na 6–8 godzin, aby odciekł. Odlej płyn i odmierz 1¼ szklanki przecedzonego jogurtu; odłożyć na bok.

NA SYROP IMBIROWY
b) Połączyć sok z cytryny z cukrem w małym rondlu i doprowadzić do wrzenia na średnim ogniu, mieszając, aby rozpuścić cukier. Zdjąć z ognia, dodać pokrojony imbir i sproszkowany imbir, ostudzić. Odcedź pokrojony imbir i odstaw syrop na bok.

DO MROŻONEJ BAZY JOGURTOWEJ
c) Zmieszaj około 2 łyżek mleka ze skrobią kukurydzianą w małej misce, aby uzyskać gładką zawiesinę.
d) Ubij serek śmietankowy, proszek z buraków i kurkumę, jeśli używasz, w średniej misce, aż uzyskasz gładką masę.
e) Napełnij dużą miskę lodem i wodą.

f) Gotuj Połącz pozostałe mleko, śmietanę, cukier i syrop kukurydziany w rondlu o pojemności 4 litrów, zagotuj na średnim ogniu i gotuj przez 4 minuty. Zdjąć z ognia i stopniowo dodawać zawiesinę skrobi kukurydzianej. Doprowadzić mieszaninę do wrzenia na średnim ogniu i gotować, mieszając żaroodporną szpatułką, aż lekko zgęstnieje, około 1 minuty. Zdjąć z ognia.
g) Schłodzić Stopniowo mieszaj gorącą mieszaninę mleka z serkiem śmietankowym, aż będzie gładka. Dodaj 1 ¼ szklanki jogurtu i syropu imbirowego. Wlać mieszaninę do 1-litrowej torebki do zamrażania Ziplock i zanurz zamkniętą torebkę w łaźni lodowej. Odstaw, w razie potrzeby dodając więcej lodu, aż ostygnie, około 30 minut.
h) Zamrażanie Wyjmij zamrożony pojemnik z zamrażarki, zmontuj maszynę do lodów i włącz ją. Wlej bazę mrożonego jogurtu do zamrożonego pojemnika i wiruj, aż masa będzie gęsta i kremowa.
i) Zapakuj mrożony jogurt do pojemnika do przechowywania. Dociśnij arkusz pergaminu bezpośrednio do powierzchni i zamknij hermetyczną pokrywką. Zamroź w najzimniejszej części zamrażarki, aż będzie twarda, co najmniej 4 godziny.

79.Świeży brzoskwiniowy mrożony jogurt

SKŁADNIKI:
BAZA MROŻONEGO JOGURTU
- 1 litr zwykłego jogurtu o niskiej zawartości tłuszczu
- ⅔ szklanki maślanki (lub dodatkowego mleka pełnego)
- 1 szklanka pełnego mleka
- 2 łyżki skrobi kukurydzianej
- 2 uncje (4 łyżki) serka śmietankowego, zmiękczonego
- ¼ łyżeczki drobnej soli morskiej
- ½ szklanki gęstej śmietanki
- ⅔ szklanki cukru
- ¼ szklanki jasnego syropu kukurydzianego

Puree Brzoskwiniowe
- 2 do 3 dojrzałych złotych brzoskwiń, obranych, wypestkowanych i pokrojonych w grube kawałki
- ⅓ szklanki cukru
- ¼ szklanki świeżego soku z cytryny (z około 2 cytryn)

INSTRUKCJE:
NA PRZECIĘTY JOGURT
c) Sito ustawiamy nad miską i wykładamy je dwiema warstwami gazy. Jogurt przelać na sito, przykryć folią i wstawić do lodówki na 6–8 godzin, aby odciekł. Odlej płyn i odmierz 1¼ szklanki przecedzonego jogurtu. Dodać maślankę i odstawić.

DO MROŻONEGO JOGURTU
d) Zmieszaj około 2 łyżek mleka ze skrobią kukurydzianą w małej misce, aby uzyskać gładką zawiesinę.

e) W średniej misce ubij serek śmietankowy i sól na gładką masę.

f) Napełnij dużą miskę lodem i wodą.

NA PUREE BRZOSKWINIOWE
g) Zmiksuj brzoskwinie w robocie kuchennym. Przełóż ⅔ szklanki puree do małej miski. Resztę zarezerwuj do innego użytku.

h) Połącz cukier i sok z cytryny w średnim rondlu i zagotuj na średnim ogniu, mieszając, aż cukier się rozpuści. Dodać do puree brzoskwiniowego i ostudzić.

i) Gotuj Połącz pozostałe mleko, śmietanę, cukier i syrop kukurydziany w rondlu o pojemności 4 litrów, zagotuj na średnim ogniu i gotuj przez 4 minuty. Zdjąć z ognia i stopniowo dodawać zawiesinę skrobi kukurydzianej. Doprowadzić mieszaninę do wrzenia na średnim ogniu i gotować, mieszając żaroodporną szpatułką, aż lekko zgęstnieje, około 1 minuty. Zdjąć z ognia.

j) Schłodzić Stopniowo mieszaj gorącą mieszaninę mleka z serkiem śmietankowym, aż będzie gładka. Dodaj zarezerwowane 1 ¼ szklanki jogurtu i puree brzoskwiniowego. Wlać mieszaninę do 1-litrowej torebki do zamrażania Ziplock i zanurz zamkniętą torebkę w łaźni lodowej. Odstaw, w razie potrzeby dodając więcej lodu, aż ostygnie, około 30 minut.

k) Zamrażanie Wyjmij zamrożony pojemnik z zamrażarki, zmontuj maszynę do lodów i włącz ją. Wlej bazę mrożonego jogurtu do zamrożonego pojemnika i wiruj, aż masa będzie gęsta i kremowa.

l) Zapakuj mrożony jogurt do pojemnika do przechowywania. Dociśnij arkusz pergaminu bezpośrednio do powierzchni i zamknij hermetyczną pokrywką. Zamroź w najzimniejszej części zamrażarki, aż będzie twarda, co najmniej 4 godziny.

80. Ciasto Islandzkie Mrożony Jogurt

SKŁADNIKI:

- 1 ½ szklanki pełnego mleka
- 2 łyżki skrobi kukurydzianej
- 1¼ szklanki skyr
- 2 uncje (4 łyżki) serka śmietankowego, zmiękczonego
- ½ szklanki gęstej śmietanki
- ⅔ szklanki cukru
- ¼ szklanki jasnego syropu kukurydzianego
- ½ szklanki pokruszonego Lady Cake, zamrożonego
- ½ szklanki Streusel, zrobionej z płatków owsianych i pieczonej przez dodatkowe 20 minut
- ⅔ szklanki duszonego sosu rabarbarowego

INSTRUKCJE:

a) Zmieszaj około 2 łyżek mleka ze skrobią kukurydzianą w małej misce, aby uzyskać gładką zawiesinę.
b) W średniej misce ubij skyr i serek śmietankowy na gładką masę.
c) Napełnij dużą miskę lodem i wodą.
d) Gotuj Połącz pozostałe mleko, śmietanę, cukier i syrop kukurydziany w rondlu o pojemności 4 litrów, zagotuj na średnim ogniu i gotuj przez 4 minuty.
e) Zdjąć z ognia i stopniowo dodawać zawiesinę skrobi kukurydzianej. Doprowadzić mieszaninę do wrzenia na średnim ogniu i gotować, mieszając żaroodporną szpatułką, aż lekko zgęstnieje, około 1 minuty. Zdjąć z ognia.
f) Schłodzić Stopniowo mieszaj gorącą mieszaninę mleka z serkiem śmietankowym, aż będzie gładka. Wlać mieszaninę do 1-litrowej torebki do zamrażania Ziplock i zanurz zamkniętą torebkę w łaźni lodowej. Odstaw, w razie potrzeby dodając więcej lodu, aż ostygnie, około 30 minut.
g) Zamrażanie Wyjmij zamrożony pojemnik z zamrażarki, zmontuj maszynę do lodów i włącz ją. Wlej bazę jogurtową do pojemnika i wiruj, aż masa będzie gęsta i kremowa.
h) Działając szybko, zapakuj mrożony jogurt do pojemnika do przechowywania, naprzemiennie warstwami mrożonego jogurtu, ciasta, kruszonki i sosu rabarbarowego.
i) Dociśnij arkusz pergaminu bezpośrednio do powierzchni i zamknij hermetyczną pokrywką.
j) Zamroź w najzimniejszej części zamrażarki, aż będzie twarda, co najmniej 4 godziny.

81. Mrożony Jogurt Z Rozmarynem I Kandyzowanymi Owocami

SKŁADNIKI:

- 1 łyżeczka. świeże liście rozmarynu
- 1/2 szklanki cukru pudru
- 1/2 szklanki kandyzowanej skórki pomarańczowej i cytrynowej
- 2 szklanki jogurtu sojowego lub niemlecznego
- 2 łyżki stołowe. kandyzowane fiołki

INSTRUKCJE:

a) Drobno posiekaj liście rozmarynu i wymieszaj z cukrem cukierniczym. Odstawić na co najmniej godzinę, a najlepiej na całą noc.

b) Drobno posiekaj kandyzowaną skórkę (nawet jeśli jest już posiekana). W dużej misce wymieszaj jogurt z kandyzowaną skórką i kandyzowanymi fiołkami. Do miski przesiej cukier puder, wymieszaj. Rozłóż masę pomiędzy 8 kokilek lub małych foremek. Włóż do zamrażarki i pozostaw na 2-3 godziny.

c) Tuż przed podaniem wstaw foremki na chwilę we wrzącej wodzie, a następnie wyłóż mrożony jogurt na talerze. Jeśli chcesz, podawaj udekorowane gałązkami rozmarynu i plasterkami świeżych owoców.

82. Mrożona Czekoladowa Niespodzianka

SKŁADNIKI:

- 1 szklanka fasoli anko lub adzuki, namoczonej przez noc (lub 14-uncjowa puszka fasoli azuki)
- 2 szklanki ciemnego brązowego cukru
- 2 szklanki wody
- 4 łyżki Proszek karobowy
- 2 szklanki mleka ryżowego
- 1 szklanka jogurtu ryżowego lub sojowego
- pokrojone świeże owoce do podania

INSTRUKCJE:

a) Odcedź namoczoną fasolę i włóż ją do dużego garnka pokrytego wodą. Doprowadzić do wrzenia i gotować na wolnym ogniu przez 1 godzinę lub do momentu, aż zaczną mięknąć. Odcedź i wróć na patelnię z brązowym cukrem i 2 szklankami wody. Gotuj bez przykrycia na umiarkowanym ogniu, aż będzie naprawdę miękka i większość płynu się zredukuje. Fajny.

b) Zmiksuj fasolę w robocie kuchennym z wystarczającą ilością płynu do gotowania, aby uzyskać miękkie purée. Następnie zmieszaj sproszkowany chleb świętojański, mleko ryżowe i jogurt.

c) Mieszaj, aż będzie naprawdę gładka. Przenieść do maszyny do lodów i ubić zgodnie z instrukcjami producenta lub przenieść do pojemnika do zamrażania i postępować zgodnie ze wskazówkami dotyczącymi ręcznego mieszania. Jeśli używasz maszyny do lodów, przerwij ubijanie, gdy masa będzie prawie twarda, przełóż ją do pojemnika do zamrażania i pozostaw w zamrażarce na 15 minut przed podaniem lub do czasu, aż będzie potrzebna.

d) Gdy będzie gotowy do podania, wyjmij go z zamrażarki i pozostaw na 15 minut, aby zmiękł. Podawać z pokrojonymi w plasterki świeżymi owocami.

83. Mrożony jogurt jeżynowy

SKŁADNIKI:

- 2 szklanki świeżych lub mrożonych niesłodzonych jeżyn lub 1 (16 1/2 uncji) puszka jeżyn, odsączonych
- 1/3 do 1/2 szklanki granulowanego cukru
- 1 łyżeczka niesmakowanej żelatyny
- 1/2 szklanki odtłuszczonego mleka
- 1/4 szklanki wody
- 1 (8 uncji) kartonowy zwykły jogurt beztłuszczowy
- 1 łyżka drobno startej skórki pomarańczowej
- 1/4 szklanki soku pomarańczowego

INSTRUKCJE:

a) Rozmroź jagody, jeśli są zamrożone. Tymczasem w średnim rondlu połącz cukier i żelatynę; wymieszać z mlekiem i wodą. Podgrzewaj tylko do rozpuszczenia żelatyny. Odstawić do ostygnięcia.

b) W misce robota kuchennego zmiksuj jagody na gładką masę. Przeciśnij przez sito; wyrzucić nasiona. Wymieszaj puree jagodowe, jogurt, skórkę pomarańczową i sok pomarańczowy z mieszaniną żelatyny.

c) Zamień się w elektryczną zamrażarkę do lodów o pojemności 2 litrów. Zamrażaj zgodnie ze wskazówkami producenta. (Lub wlać do patelni o wymiarach 9 x 5 x 3 cale.

d) Okładka; zamrażać około 6 godzin. Podziel na kawałki. Przełożyć do schłodzonej miski.

e) Ubijaj mikserem elektrycznym, aż masa będzie gładka, ale nie roztopiona. Wróć do zimnej formy do pieczenia. Okładka; zamrażać około 8 godzin.)

84. Mrożony jogurt z karobem i miodem

SKŁADNIKI:

- 3 szklanki jogurtu bezsmakowego
- ½ szklanki miodu
- ¾ szklanki sproszkowanego chleba świętojańskiego

INSTRUKCJE:

a) W misce wymieszaj jogurt, miód i sproszkowany chleb świętojański na gładką masę.
b) Wlać mieszaninę do miski maszyny do lodów i zamrozić. Należy postępować zgodnie z instrukcją obsługi producenta.

85. Lody jogurtowe z imbirem i rabarbarem

SKŁADNIKI:

- 450 g jogurtu rabarbarowego z kartonu, schłodzonego
- Kartonowy krem o pojemności 142 ml, schłodzony
- 4 łyżki syropu ze słoika z łodygą imbiru
- 3 kawałki łodygi imbiru, odsączone

INSTRUKCJE:

a) Jogurt przelej do dzbanka, dodaj śmietanę i syrop imbirowy.
b) Łodygę imbiru pokrój na bardzo małe kawałki i dodaj do dzbanka.
c) Mieszaj trzepaczką, aż dobrze się wymiesza.
d) Przykryj i schłódź przez 20–30 minut.
e) Wlać mieszaninę do maszyny do lodów i zamrozić zgodnie z instrukcją.
f) Przenieść do odpowiedniego pojemnika i zamrażać do momentu użycia.

86. Mrożony Jogurt Miodowy

SKŁADNIKI:
- 4 szklanki jogurtu bezsmakowego
- 1 szklanka miodu

INSTRUKCJE:
a) Wlać mieszaninę do miski maszyny do lodów i zamrozić.
b) Należy postępować zgodnie z instrukcją obsługi producenta.

AFFOGATO

87.Affogato z czekoladą i orzechami laskowymi

SKŁADNIKI:
- 1 gałka lodów czekoladowych lub lodów
- 1 shot espresso
- 1 łyżka kremu z orzechów laskowych.

INSTRUKCJE:
a) Do szklanki włóż gałkę lodów czekoladowych lub lodów.
b) Łyżką rozsmaruj orzechy laskowe na lodach. Wlej porcję gorącego espresso na lody.
c) Delikatnie wymieszaj, aby połączyć smaki.
d) Podawaj natychmiast i rozkoszuj się dekadenckim połączeniem czekolady, orzechów laskowych i espresso.

88. Amaretto Affogato

SKŁADNIKI:
- 1 gałka lodów migdałowych lub amaretto
- 1 kieliszek likieru amaretto
- 1 shot espresso

INSTRUKCJE:
a) Do szklanki włóż gałkę lodów migdałowych lub amaretto.
b) Lody polej kieliszkiem likieru amaretto. Dodaj porcję gorącego espresso.
c) Delikatnie wymieszaj, aby połączyć smaki.
d) Podawaj natychmiast i delektuj się zachwycającym połączeniem amaretto, migdałów i espresso.

89. Tiramisu Affogato

SKŁADNIKI:
- 1 miarka lodów mascarpone
- 1 shot espresso
- 1 łyżka kakao w proszku

INSTRUKCJE:
a) Do szklanki włóż gałkę lodów mascarpone.
b) Wlej porcję gorącego espresso na lody.
c) Posyp wierzch kakao w proszku.
d) Podawaj natychmiast i ciesz się przypominającym smakiem tiramisu w tej odmianie Affogato.

90. Solony Karmel Affogato

SKŁADNIKI:
- 1 miarka lodów solonego karmelu
- 1 shot espresso
- sos karmelowy

INSTRUKCJE:
a) Do szklanki włóż gałkę solonego karmelu.
b) Wlej porcję gorącego espresso na lody.
c) Skropić sosem karmelowym.
d) Podawaj natychmiast i delektuj się połączeniem słodkich i słonych smaków.

91. Sorbet cytrynowy Affogato

SKŁADNIKI:
- 1 miarka sorbetu cytrynowego
- 1 kieliszek likieru limoncello
- 1 shot espresso
- skórka z cytryny (opcjonalnie).

INSTRUKCJE:
a) Do szklanki włóż gałkę sorbetu cytrynowego.
b) Sorbet polej kieliszkiem likieru limoncello.
c) Dodaj porcję gorącego espresso. W razie potrzeby udekoruj skórką z cytryny.
d) Podawaj natychmiast i ciesz się orzeźwiającym i pikantnym smakiem.

92.Pistacje Affogato

SKŁADNIKI:
- 1 miarka lodów pistacjowych
- 1 shot espresso
- pokruszone pistacje

INSTRUKCJE:
a) Do szklanki włóż gałkę lodów pistacjowych.
b) Wlej porcję gorącego espresso na lody.
c) Posypać pokruszonymi pistacjami.

93. Kokosowe Affogato

SKŁADNIKI:
- 1 gałka lodów kokosowych lub lodów na mleku kokosowym
- 1 shot espresso
- prażone płatki kokosowe.

INSTRUKCJE:
a) Do szklanki włóż gałkę lodów kokosowych lub lodów z mleka kokosowego.
b) Wlej porcję gorącego espresso na lody.
c) Posypać prażonymi płatkami kokosowymi.

94. Migdałowe Affogato

SKŁADNIKI:
- 1 gałka lodów migdałowych lub lodów z mlekiem migdałowym
- 1 kieliszek likieru amaretto
- 1 shot espresso
- krojone migdały

INSTRUKCJE:
a) Do szklanki lub miski włóż gałkę lodów migdałowych lub lodów z mleka migdałowego.
b) Lody polej kieliszkiem likieru amaretto.
c) Przygotuj shot gorącego espresso i polej nim lody i likier.
d) Udekoruj posypką pokrojonymi w plasterki migdałami.
e) Podawaj natychmiast i ciesz się zachwycającym połączeniem smaków migdałów, amaretto i espresso.

95. Affogato z pomarańczą i ciemną czekoladą

SKŁADNIKI:

- 1 miarka lodów pomarańczowych lub sorbetu
- 1 shot espresso
- wiórki gorzkiej czekolady lub starta gorzka czekolada

INSTRUKCJE:

a) Do szklanki włóż gałkę pomarańczowych lodów lub sorbetów.
b) Wlej porcję gorącego espresso na lody.
c) Posypać wiórkami gorzkiej czekolady lub startą gorzką czekoladą.

96.Nutelle Affogato

SKŁADNIKI:
- 1 gałka lodów lub lodów orzechowych
- 1 shot espresso
- 1 łyżka Nutelli.

INSTRUKCJE:
a) Do szklanki włóż gałkę lodów lub lodów orzechowych.
b) Połóż Nutellę na lodach.
c) Wlej porcję gorącego espresso na lody.
d) Delikatnie wymieszaj, aby połączyć smaki.

97. Affogato z kawałkami miętowej czekolady

SKŁADNIKI:

- 1 gałka lodów lub lodów miętowo-czekoladowych
- 1 shot espresso
- syrop czekoladowy
- świeże liście mięty (opcjonalnie)

INSTRUKCJE:

a) Do szklanki włóż gałkę lodów lub lodów miętowo-czekoladowych.
b) Wlej porcję gorącego espresso na lody.
c) Skropić syropem czekoladowym.
d) W razie potrzeby udekoruj świeżymi listkami mięty.

98. Sorbetto Malinowe Affogato

SKŁADNIKI:
- 1 miarka sorbetto malinowego
- 1 kieliszek likieru malinowego (np. Chambord)
- 1 shot espresso
- świeże jagody

INSTRUKCJE:
a) Do szklanki włóż gałkę malinowego sorbetto.
b) Soretto polej kieliszkiem likieru malinowego.
c) Dodaj porcję gorącego espresso.
d) Udekoruj świeżymi jagodami.

99.Karmelowe Macchiato Affogato

SKŁADNIKI:
- 1 gałka lodów karmelowych lub lodów
- 1 shot espresso
- syrop karmelowy
- bita śmietana.

INSTRUKCJE:
a) Do szklanki włóż gałkę lodów karmelowych lub lodów.
b) Wlej porcję gorącego espresso na lody.
c) Skropić syropem karmelowym.
d) Posmaruj bitą śmietaną.

100. Biscotti Affogato z orzechami laskowymi

SKŁADNIKI:

- 1 gałka lodów lub lodów orzechowych
- 1 shot espresso
- pokruszone ciastko z orzechami laskowymi.

INSTRUKCJE:

a) Do szklanki włóż gałkę lodów lub lodów orzechowych.
b) Wlej porcję gorącego espresso na lody.
c) Posypać pokruszonym biszkoptem z orzechów laskowych.

WNIOSEK

Kończąc naszą podróż po bogatym świecie deserów LODOWE ZŁOTO, mam nadzieję, że ta książka kucharska zainspirowała Cię do uwolnienia swojej kreatywności i oddania się dekadenckiej przyjemności mrożonych smakołyków. „Książka kucharska z deserami Ice Gold" została stworzona z pasją do celebrowania kunsztu, pomysłowości i czystej przyjemności przygotowywania mrożonych deserów, oferując zbiór przepisów, które z pewnością podniosą poziom każdego doznania kulinarnego.

Dziękuję, że dołączyłeś do mnie w tej zamarzniętej przygodzie. Niech Twoją kuchnię wypełnią kuszące aromaty świeżo ubitych lodów, orzeźwiający chłód sorbetów i granity oraz wykwintne piękno eleganckich kreacji semifreddo i parfait. Niezależnie od tego, czy delektujesz się gałką lodów w ciepły letni wieczór, czy delektujesz się kawałkiem dekadenckiego ciasta lodowego, niech każdy kęs będzie chwilą czystej błogości i kulinarnej doskonałości.

Dopóki się nie spotkamy, życzę udanego mrożenia i niech Wasze mrożone dzieła nadal olśniewają i zachwycają. Za luksusowy świat deserów Ice Gold i radość, jaką wnoszą do naszego życia!

www.ingramcontent.com/pod-product-compliance
Lightning Source LLC
Chambersburg PA
CBHW070403120526
44590CB00014B/1237